婚姻中的亲密关系

刘伟民◎著

中国纺织出版社有限公司

内 容 提 要

正如渴望自救的人需要积蓄力量一样，每一个在婚姻里迷茫的女性，都需要修炼婚姻幸福力。幸福是一种感觉，而让自己幸福却是一种能力，女性朋友们不妨从情感关系、沟通交流、姻亲关系等方面着手提升你的婚姻幸福力，最终赢得幸福婚姻。

本书详细剖析了影响婚姻幸福的诸多因素，以真实案例的分析、理性思辨的语言，从心态、心理、两性关系等方面直击困扰你的人生课题，为正处于婚姻迷茫期的广大女性朋友们提供全面、中肯的幸福指南。

图书在版编目（CIP）数据

婚姻中的亲密关系 / 刘伟民著. --北京：中国纺织出版社有限公司，2022.6
　　ISBN 978-7-5180-9508-7

Ⅰ. ①婚… Ⅱ. ①刘… Ⅲ. ①婚姻—通俗读物 Ⅳ.
①C913.13-49

中国版本图书馆CIP数据核字（2022）第065642号

责任编辑：赵晓红　　责任校对：高　涵　　责任印制：储志伟

中国纺织出版社有限公司出版发行
地址：北京市朝阳区百子湾东里A407号楼　邮政编码：100124
销售电话：010—67004422　传真：010—87155801
http://www.c-textilep.com
中国纺织出版社天猫旗舰店
官方微博 http://weibo.com/2119887771
三河市延风印装有限公司印刷　各地新华书店经销
2022年6月第1版第1次印刷
开本：880×1230　1/32　印张：7.25
字数：132千字　定价：59.80元

凡购本书，如有缺页、倒页、脱页，由本社图书营销中心调换

♥ 前言 ♥

现代社会，由于人口、经济、教育等综合环境因素的影响，婚姻具有较为明显的特征：结婚总人数与结婚率逐年走低，离婚总人数和离婚率逐年升高；整体初婚年龄呈上升趋势；第四次单身潮爆发，"凭实力"主动单身成新风；婚恋观念更为开放、包容、多元和个性化。越来越多的人不愿意步入婚姻殿堂，人们开始质疑"婚姻是否可以让人幸福"，然而，事实上，婚姻幸福力跟婚姻幸福是息息相关的。

婚姻幸福力是衡量人们婚姻状况的指标，它是指个体基于自身设定的标准对婚姻质量做出的主观评价，即人们在多大程度上认可或满意自己目前的婚姻状态。指数越高，则在婚姻中幸福度越高。关于婚姻幸福力的影响因素有很多，如双方观念、情感关系、沟通交流、姻亲关系、性生活、经济水平等。通过总体满意度和细分满意度的相关性分析可赋予影响因素权重，综合计算后方能得出婚姻幸福力指数。

幸福婚姻的密钥，就在于修炼婚姻幸福力。婚姻是激情也是亲情，是理解也是宽容，纵观婚姻幸福的人，他们都是懂得付出奉献，懂得进退的人。两个人走进婚姻殿堂，在于彼此欣赏、彼此爱慕，但随着时间的消逝，两人的激情会慢慢褪去，取而代之的是柴米油盐的烦琐，是平平淡淡的相守，毕竟不可能存在永远的激情，那是极不现实的，夫妻之间只能时刻保持着欣赏与爱的能力。妻子可以欣赏丈夫的魄力与勇猛，丈夫可以欣赏妻子的贤惠与温柔，夫妻之间只有互相欣赏才能让彼此时刻发现对方的美，才能永远爱慕牵挂着对方。

如果说恋爱靠的是激情和甜言蜜语，那么婚姻靠的就是理解和宽容。宽容可以让一个人平静地看待问题，宽容可以让一个人冷静地处理问题。两个人在婚姻中遇到的问题很多，可能来自对方，也可能来自对方的家庭。婚姻里，夫妻遇到问题应宽容地对待彼此，将心比心换取对方的心，这就是一种仁爱的光芒，是对对方的释怀，也是对自己的善待。修炼婚姻幸福力，会让夫妻的心越贴越近，让夫妻的感情越来越好。

修炼婚姻幸福力，需要双方真心去经营，两个人一起去奋斗，一起去支撑，一起去面对生活中的种种困难，互相理解、相互尊重和包容，最后一起赢得婚姻的幸福。

著者
2022年4月

♥ 目 录 ♥

第1章
每个处于婚姻中的人，都应该拥有让自己幸福的能力 / 001

　　生命的意义是寻找幸福 / 002
　　推开幸福那扇门 / 004
　　幸福源于内心阳光的照耀 / 008
　　女人，你才是幸福的缔造者 / 012
　　幸福家庭是女人最终的港湾 / 014
　　幸福婚姻是最好的化妆品 / 017

第2章
别在婚姻中患得患失，你只需要努力做好自己 / 021

　　唯有真爱可以创造奇迹 / 022
　　恒久的爱需要忍耐和包容 / 025
　　相信婚姻，战胜内心的怯懦 / 027
　　独立自强才是最大的安全感 / 031
　　淡然面对婚姻，让自己幸福才最明智 / 034
　　"婚姻"并非女人的保护伞 / 038

第3章
鞋子合不合适，只有自己的脚最清楚 / 043

只要适合，就是最好的伴侣 / 044
好的伴侣，是心中有爱的人 / 047
风趣的伴侣，为婚姻增添许多欢乐 / 050
婚姻需要浪漫，更需要踏实的幸福 / 053
爱情可以浪漫，婚姻必须现实 / 055
志同道合，让婚姻更长久 / 058

第4章
当爱情成长为婚姻，女人也要在婚姻中成长 / 063

婚姻是爱情的升华和沉淀 / 064
婚姻是相互的爱和情 / 067
与其仰望别人，不如让自己变得幸福 / 070
唠叨是婚姻的绊脚石 / 073
智慧女人是男人的灯塔 / 076
好的婚姻是互相欣赏 / 078

第5章
学会适当地妥协和让步，婚姻才能长久而幸福 / 083

好的婚姻，要学会让步 / 084
懂得低头，是婚姻里的大智慧 / 086

女人用柔情唤醒男人的爱 / 089

相濡以沫是婚姻最大的幸福 / 092

在婚姻的爱里接纳不公平 / 094

真正的爱，从来不是控制对方 / 096

第6章
恒久的婚姻需要用心，经营比选择更重要 / 101

婚姻是需要经营一辈子的事业 / 102

婚姻里需要适宜的温度 / 105

经过性格磨合的婚姻，才是最幸福的 / 107

婚姻里找到自己的定位 / 110

保持神秘感，让婚姻保鲜 / 113

心态是婚姻走向幸福的桥梁 / 116

第7章
婚姻需要好心态，才能过好小日子 / 121

心态好了，婚姻自然幸福了 / 122

婚姻不是相互改造，而是相互适应 / 125

乐观的女人在婚姻里更容易幸福 / 128

心态独立，学会享受生活 / 131

既享受婚姻，又保持自我 / 134

平淡是婚姻的本味 / 137

第8章
夫妻之间相互尊重，男人也是需要宠爱的 / 141

赞美你的伴侣，让亲密升级 / 142

撒娇不是女人的专利 / 144

既要"进得厨房"，又要"入得厅堂" / 146

尊重是婚姻幸福的基石 / 149

聪明女人，懂得给男人留足面子 / 151

家是男人温馨的港湾 / 154

第9章
幸福的婚姻当中，少不了一些小心机的助力 / 159

做一个成熟的"笨"女人 / 160

生活需要情趣，女人需要性感 / 162

男人更需要尊重和面子 / 166

女人的聪明在于懂得欣赏男人 / 168

理解男人善意的谎言 / 171

巧妙维护男人的自尊心 / 174

聪明的女人懂得"偶尔吃醋" / 177

第10章
养育孩子，是婚姻生活中不可缺少的一环 / 181

不能因为孩子而忽略了伴侣 / 182

夫妻教育观念要保持一致 / 184

言传身教是最高明的家教 / 187

冷静对待叛逆期的孩子 / 190

爱孩子，给孩子一个期望 / 194

给孩子多些温暖的鼓励 / 198

第11章
学会聪明地爱和付出，让婚姻处于"保鲜期" / 203

夫妻亲密有间，保持新鲜感 / 204

最适合的相爱的距离 / 207

别打探伴侣过去的情感隐私 / 210

给伴侣足够的自由和隐私空间 / 213

请信任你所爱的人 / 216

学会在爱的时候有所保留 / 218

参考文献 / 221

第1章

每个处于婚姻中的人，都应该拥有让自己幸福的能力

婚姻的幸福，无关乎什么物质、什么条件，而是拥有幸福的能力才能让自己真正地"掌握"幸福主动权。婚姻里的幸福是一种让自己浑身轻松、愉悦、充满力量的感觉。

♡ 生命的意义是寻找幸福

现实生活中，可能有很多女性朋友会产生这样的疑问："生命的意义是什么？女人是为谁而活？"其实，这两个问题范围太广了，每个人对这两个问题的理解都不同，但总的来说，生命的意义就是寻找幸福。

举个简单的例子：小时候，妈妈告诉我们："要好好学习，长大后才能成为栋梁之才。"我们都知道这句话是对的，但是真正懂得"好好学习，长大后才能成为栋梁之才"这句话含义的时刻，绝对不会是妈妈告诉我们这句话的时刻！而是我们学会了承担责任，找到了使命的那一刻！

的确，有些女人可能会认为：拥有迷人的身材和美丽的容颜就是生命的意义；拥有富足的生活就能实现生命的价值；拥有令人骄傲的事业就是生命的意义……诚然，这些的确都能证明女人的与众不同，但真正能让女人有存在感的，却是生活中那些点滴的幸福。

有这样一对闺蜜，一个叫凯文，一个叫洪娜。凯文就职于一家著名的外企，而洪娜则是一名小学教师。凯文经常问洪娜："如果你遇到比你身边的男人更优秀的男人时，你会怎么办？"这正是凯文经常要问自己的问题。凯文在自己的情感世界中常把身边的男人叫"现货"，把更优秀的男人叫"目标"。凯文每次的选择都是先锁定"目标",然后及时"清仓",最后让"新货上架"。

凯文是一名白领精英,生活在繁华的大都市中心,经常提着LV的箱包去世界各地签合同。在周围的朋友看来,她好像很幸福,因为她身边总是不乏那些成功男士。大家常对她开玩笑说:"凯文换未婚夫的速度就像时尚杂志更新封面,每月一款,虽然略有不同,但一定是当月'最新样式',而且必然会在不久的将来迅速流行。"早些年,当女性朋友还在为自己找了一个有"桑塔纳"轿车的男人而沾沾自喜时,凯文的身边已经云集了数位"宝马"和"奔驰"车的拥有者;后来流行起找有"外国血统"的男友时,她的追求者已成了"多国部队"——美国的、法国的、意大利的、德国的、丹麦的、芬兰的、大不列颠的男士都有;再后来,有钱人和普通的外国留学生都算不上"样板"男友时,她的未婚夫就成了哈佛毕业的高学历者,或是有好几个博士文凭和若干硕士学位的华尔街精英。

有时候,这种现象只能说明你过上了好日子,而不一定幸福。即使灰姑娘没有嫁给王子,她的生活也并不是黯然无光的,当她没完没了为此终日苦恼的时候,她的生活才彻底与幸福绝缘了。另外,即使你不是这个世界上最美丽的女人,那又有什么关系呢?你一样可以迈开追寻幸福的脚步!即使你们的爱不是世界上最轰轰烈烈、荡气回肠的爱,那又能怎么样,你一样可以在平凡的生活中体会属于你自己的幸福!

♡ 推开幸福那扇门

每个女人都把幸福生活当作自己一生的追求。但并不是每个女人都能获得幸福，或是都能感受到幸福的。我们身边有这样一些女性朋友，她们感到自己过得不幸福或者不太幸福，有个别的人甚至觉得幸福对于她来说是件稀罕事。毫无疑问，除了那些不幸的女性，还有许多看似幸福的女性仍然会感到不幸福。在这些缺乏幸福感或者觉得遭遇着不幸的女性中，存在着各种各样的原因：社会竞争压力大、工作不顺心、工作业绩不突出、经常受到领导批评、回家后孤单一人、当着"房奴"，一想到还贷就会头昏脑涨；丈夫"出轨"，只能勉强维持名存实亡的婚姻；遭遇家庭暴力，丈夫为一点儿小事就针锋相对、大打出手；有一份让别人羡慕的收入，却没有让自己喜欢的生活方式……幸福仿佛与她们无缘！而实际上，幸福离她们只有一步之遥，前提是她们要敢于推开幸福这扇门，敢于改变现在这种不幸福的生活状态。

叶昕今年28岁了，和很多同年龄段的女人差不多，她结婚一年多，和她丈夫恋爱的那段时间，是她最难忘的时光。她本来以为找个好人家把自己嫁出去，往后的生活会围绕着丈夫与孩子团团转，一辈子也就这样了。但是，当她真的成家以后，却经常感到很迷茫，觉得浑身不自在。更让她感到糟糕的是，婚后的丈夫也好像变了一个人似的，找了份安稳的工作后，就变得不思进取，每天下班回家后就是打扑克、泡酒吧，这让她打心眼儿里嫌弃丈夫的无能和窝囊,再加上家里的经济条件并不十分宽裕,因此她很不开心,时常会唉声叹气。

一个星期天,叶昕的一个闺蜜邀她出去喝咖啡,她借此诉说着心里的烦恼,埋怨自己嫁错了人。好友善意地提醒她说:"如果你总想着让老公多赚外快、增加收入,那么你恐怕很难感到快乐。既然你自己有理想、有能力,为什么不干脆自己创业或者努力工作呢?"这番话点醒了叶昕,她仔细考虑后觉得好友的话十分在理,于是她开始留意身边的各种机会。

半个月后,她的邻居准备转让一家餐馆,她十分心动,打算接手这家餐馆。当时,她的丈夫和婆婆都不同意,觉得她一个女人干不成什么事,再说她也缺乏经营经验,而且事情太繁杂,怕她遭罪。但叶昕坚持将餐馆接了下来。为了让这家餐馆顺利营业,也是为了争一口气,她先请了一位手艺高超的厨师,自己就在旁边认真学习、仔细揣摩。一年之后,她就可以亲自掌勺了。由于她认真负责,四川风味的菜肴做得又很地道,就吸引了大批顾客,她的生意也很红火。

尤其让她感到高兴的是,她打开了自己人生的新局面,她的丈夫也不再游手好闲了,时常来帮她招待客人,管理餐馆的大小事务。而且,她的丈夫在工作中也开始奋发向上。此后,她的丈夫常感激她,说是她让他自己找准了人生的方向,就像周华健唱的那首歌:"若不是因为你,我依然在风雨里飘来荡去,我早已经放弃……"如今的他们,在生活中能够互相交流自己的想法和意见,感情也比从前更加融洽了。

这就是一个聪明女人不甘于现状,用自己的能力改变现状的典范。刚开始,她觉得围着丈夫和孩子转就是幸福,但实际上那并不是她想要的生活,她很快发现自己过得并不快乐。采纳了闺蜜的建议后,她很快找到了努力的方向。事实证明,她有能力经营好自己的事业、把握好自己的幸福,她与丈夫的感情也比以前更加亲密、融洽了。

人们常说,"男女有别"。古往今来,在中国人的思想里,这种观念已经根深蒂固。在社会中,男性占据着绝对的统治地位,而女性处于从属和依赖的地位,女人必须依靠男人才能过得幸福。而作为女人,始终应该是被动、依靠男人的一方,无论是在感情还是事业上,似乎女人都应该保持"女子本色",这种所谓的"女子无用论",千百年来奴役了无数的优秀女性,甚至到现在,这些陈旧的观念还经常影响着女人们的生活,让女人觉得自己的一辈子要靠男人,自己是个"女流之辈",永远做不好什么大事。然而,事实却证明了,在现代社会,女人各方面的能力都不比男人差,甚至在某些方面要比男人做得更好。

那么,作为女人,该如何敲开自己的幸福之门呢?

1. 永远对自己充满信心

站在幸福的门口,如果你迟迟不肯做出决定,不敢尝试挑战自我,也不表露自己的意愿,最终肯定是"无可奈何花落去",落得自怨自艾的结果。如果你不勇敢地走出自己设置的心理障碍,不主动地展示自己,那么你真的很难成功。

你要随时告诉自己："我是自信的，我是美丽的，我有实力，我的能力是最强的！"你必须有自信心，对认准的目标抱有大无畏的精神，怀着必胜的信心，积极主动地去实现自己的目标。

2. 要有独立自主的思想

女人不是男人的附属品，女人应该是独立的，有独立的思想、独立的人格、独立的情感。很多女性在结婚典礼时，都会对自己未来的丈夫说："我把自己的一生都交给了你，你一定要给我幸福和快乐！"这只是一种嘱托和对幸福婚姻的期待，而不是要求女人真的把自己的全部都托付给男人。女人必须做到独立、自主，保持对生活的热爱，遇到任何事情都要有良好的心态，每一天都要开开心心地生活，脸上带着笑容。你要记住：如果你不重视、不在乎自己，别人自然也不会在意你。

3. 一个女人应该有一份能养活自己的工作

工作不仅能让女人保持年轻美丽，还能让女人拥有一个对外联系的渠道。没有工作的女人会越来越落后，跟不上时代的步伐，以至于被社会所淘汰。当一个女人成为全职的家庭主妇时，她跟丈夫的差距也会越来越大。事业可以提供给女人一个长期而广阔的发展空间，让女人体现自身的价值，更能给她带来无与伦比的成就感。

总之，幸福不是上天的恩赐或者是能坐着等来的。靠山山倒，靠人人跑，靠自己最好。女人能否拥有幸福，决定权就在自己的手里。如今，是女性改变自己陈旧观念的时候了，是依靠自己过自己想要的生活的时候了!

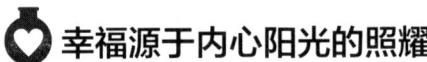 幸福源于内心阳光的照耀

女人是美丽的生物,她们绝不缺乏欣赏美的天分。她们遇到精致的饰物,会爱不释手;看见漂亮的衣服,会流连忘返,甚至忘记光阴的流逝。女人都有一颗追求美丽的心,为悦己者容。因此,女人更应该有一颗爱美的心灵,为感受幸福而接纳一切。

对于女人来说,日子总是如流水般从指尖轻轻划过。大部分女人在社会上打拼多年,耗尽生命精华时期的能量,耗掉青春,慨叹美丽的脸蛋一天一天地枯萎下去,可到头来有什么是她们自己的?也许有爱情,有亲情,但更应有一颗美丽的心灵。女人要以世俗的智慧为自己争取现实的幸福,应该保留一点纯真,让幸福的味道更加浓郁。

有一天,上帝经常把动物召集到一起开会。上帝对大家说:"各位听好,如果谁对自己的相貌、体形有意见的话,今天可以提出来。不过我只能满足一个人的愿望,你们可要想好了。"

因为猴子的位置最靠近上帝。上帝把目光投向了猴子,示意它先说。

猴子一点都不客气,振振有辞:"我既有聪明的大脑,又有灵活的四肢,所以我对自己的相貌非常满意。不过我倒有一

第1章 每个处于婚姻中的人，都应该拥有让自己幸福的能力

个建议，如果可以的话，能否使熊的长相变得秀气些。熊的长相也太粗笨了。"

所有动物都把目光投向了熊，大腹便便的熊不好意思地搔了搔头，说："我也十分满意自己的相貌。我虽然比较胖，可是却很富态。当然如果能改变面貌的话，我认为大象最应该改变，你们瞧大象尾巴短短的，耳朵却大大的，身体非常笨拙，简直没有美感可言。所以您最好给大象做做美容。"

大象听闻此言，一点都不急，慢慢地说："我虽然手大尾短，身壮腿粗，可是以我的审美观来看，海中的鲸要比我肥胖多了，您最好让它来改改面貌。"

上帝问了一圈，所有的动物都说自己是完美的，希望把机会留给别的动物。

其实，这个世界上没有一个完美的动物，更没有一个毫无缺点的人，但只要拥有一颗既无私又美丽的心灵，你就可以与别人和睦相处，这个世界也会因此充满爱，因为你爱着别人，造福于他人，别人自然会爱着你。

幸福的女人都明白，内心的美好比外貌的姣好要重要得多。心灵美的女人，她的生活犹如天堂一样美好；而内心丑陋的女人，不仅让人生厌，更会霉运连连，犹如在地狱中煎熬一样痛苦。

小学一年级的美德课上，为了培养天真无邪的孩子们对美好事物的向往，培养他们善良高尚的品德，老师对学生说："为善的人死后会升上天堂，作恶的人死后会坠入地狱。"

孩子们睁大眼睛问:"天堂在哪里?地狱又在哪里?"

老师并不急于回答,回身在黑板中间画了一条线,把黑板分成左右两半,右边写着"天堂",左边写着"地狱"。然后对孩子们说:"我要求你们每一个人在'天堂'和'地狱'里各写一些东西。"

孩子心目中的天堂就这样呈现出来:树木、笑、美丽、花朵、天空、爱情、自由、水果、光、白云、星星、音乐、朋友、蛋糕、灯、书本……

在黑板的左边,孩子也同时写出了他们心目中的地狱:黑暗、肮脏、哭泣、哀嚎、惊叫、残忍、恐怖、恨、流血、丑陋、臭、呕吐、毒气……

老师点点头,对孩子们说:"当我们画上一条线之后,就会知道,天堂是具备了一切美好事物与美好心灵的地方,这个地方有人叫作天堂,有人称为天国,或者净土、极乐世界。而地狱呢?正好相反,是充斥一切丑恶事物与丑恶心灵的地方。"

老师接着问孩子们:"那么,有没有人知道人间在哪里呢?"

孩子们齐声回答说:"人间是介于天堂与地狱中间的地方。"老师说:"错了!"孩子们露出迷惑不解的神色。

老师告诉孩子:"人间不是介于天堂与地狱之间。人间既是天堂,也是地狱。因为,当我们心里充满爱的时候就是身处天堂,当我们心里怀着怨恨的时候就是住在地狱!"

女人们，让自己拥有一颗美丽的心吧！只有拥有一颗美丽的心，你才会身处幸福的天堂中。

芸芸众生中，那些追求亮丽的女人们，更应该让内心明亮起来。对于一个漂亮的女人来说，即使使用名贵的香水，也总会失去它的芳香；而对于一个拥有美丽心灵的女人来说，从她内心深处散发出的幽香却可以经久不衰。

哲人说，女人是最难为的人，也是最难过的人。这一生，为父母、男友、孩子、朋友、学业、工作、领导、社会操劳。不到极端无奈时，绝不会背离父母；不到缘分尽头，绝不会离开男友；不到无法挽回，绝不会放弃婚姻；不到生死关头，绝不会为难朋友；不到身体崩溃，绝不会推托工作；不到忍无可忍，绝不会自动离职；不到山穷水尽，绝不会逃避现实。女人在骨子里拥有着一分善良和纯真，她们在任何时候都期盼着下一步就是幸福的终点站。

一个女人不管追求什么，繁华落尽后总是不变的平凡，唯让心灵保持本真，真诚对待别人、感动别人，才能得到更多幸福的回馈。

在没风的下午，你可以来到海边，站在松软的沙滩上，或是站在美丽的木栈道上轻轻地闭上双眼，静静想着你一路走来的风情，那些美丽的人儿，那些美丽的风景以及那些伤害过你的人和事情。这些都会因为你一颗美丽的心而沉静下来，生活中的诸多情趣和美好的感觉，也都源于你内心阳光的照耀。

女人，你才是幸福的缔造者

大多数女人一心想要追求幸福的生活，为此不懈努力，甚至忘记了自己的理想、愿望和很多年少时美好的憧憬。在几经磨炼之后，女人们发现，生活更多的时候是阴沉的脸，对性情较弱的女人尤甚。没有一个好家庭、好工作，也没有找到一个好老公，她们抱怨自己没有好的命运和好的机会，抱怨自己生不逢时、可叹可惋。但最终，她们还是会明白，所有的一切光靠抱怨、奢求是毫无进展的，女人的幸福不是乞求来的，只能通过自己的双手来创造。

丽萨的故事对很多女人来说，也许就是她们自身情况的缩影。

在一家外企公司里，部门美女主任丽萨前一段时间刚从离婚的阴影里走出来，精神状态再也不是以前的样子，同事们都为她高兴。丽萨和她的老公感情一直非常和谐，不管是丽萨的生日还是恋爱和结婚时的各种纪念日，丈夫都会送上一份厚礼，和丽萨一起进行烛光晚餐，同事们都非常羡慕他们的感情。慢慢地，由于丽萨和丈夫的工作都非常忙，应酬也非常多，彼此的沟通也都少了很多。

有一次，丽萨的丈夫出差，临行前行色匆匆也没有和她交代很多，第二天，丽萨在家等着丈夫的电话和短消息，一直到午夜时分也没有等到，丽萨的心都要碎了，因为那一天是丽萨和丈夫的结婚纪念日。回来以后，丽萨发现丈夫总是目光躲

第1章 每个处于婚姻中的人，都应该拥有让自己幸福的能力

闪，偷偷地去阳台打电话，偷偷地上网，丽萨以女人的直觉判断他们的婚姻出现了危机。

一天，丽萨趁着丈夫去洗澡的时候翻了丈夫的手机，发现丈夫的所有通话记录和短消息显示的都是一个叫安妮的女人，丽萨的心理彻底地崩溃了。当她拿着这些东西质问丈夫的时候，丈夫低头不语，连辩解都没有。丽萨问丈夫什么时候的事情，丈夫淡淡地说半年了。当"离婚"二字从丈夫的口里说出来的时候，丽萨整个人便瘫在了地上。从此以后，丽萨工作的时候再也提不起精神来了，每当别人说起感情之类的事情，丽萨总是满脸伤感，回到家以后泪如雨下。丽萨拒绝了所有的聚会和娱乐活动，把自己关在家里，想着这几年和丈夫走过的岁月，满心都是酸涩。

有一天，丽萨看了一本书，书上说女人生活幸福与否都是自己创造的，不能因为爱人的离开而对生活丧失了信心。一语惊醒梦中人，丽萨回忆着丈夫离开这段时间自己的生活，觉得真的是地狱一样可怕的生活。从此，丽萨渐渐地开始参加朋友们的聚会，工作上也积极肯干起来，她也重新开始注重自己的外表和穿着，精神焕发起来，大家还以为丽萨开始了新的恋情，其实丽萨只是自己在给自己生活的力量。

古语说："女怕嫁错郎。"好的男人是女人幸福生活的保障，但除此之外，构成女人幸福的因素还有很多。

每个女人对幸福都有不同的理解，有些女人觉得经常有人爱慕和送花最幸福，有的女人觉得有工作事业就非常幸福，

013

有的女人觉得有一个爱自己的丈夫和美满的家庭，这是最幸福的。不管我们对幸福的定义如何，女人们都要记住一点，自己的幸福应该由自己创造，不能依靠别人的赐予，命运的安排，甚至是向人祈求。

也许很多女人在社会上闯荡了一段时间后，会觉得很辛苦、很疲惫，心中的坚强在一点点削弱，于是不自觉地去祈求老天，祈求命运，让自己的幸福生活快点到来。殊不知，没有任何一个人有责任改变你的生活，改变你的命运，女人不要抱着寻找和祈求幸福的心态生活，而是要坚定地相信自己是幸福的缔造者。

幸福家庭是女人最终的港湾

在原始时代，女人所肩负的最主要的责任就是留守在家中照顾孩子、操持家务；在封建社会，女人的社会地位很低，几乎没有主宰自己命运的权利，她们所有的希望都寄托在婚姻上，一旦结了婚，她们就以夫为纲；现代社会，女人的地位提高了，女人也像男人一样走上了社会，开始了全新的生活。然而，即便如此，天生的筑巢功能还是使女人在工作之余更多地牵挂自己的家庭。不管时代怎么变迁，也不管女人的社会地位是低还是高，女人的心中始终希望自己能有一个圆满的婚姻，有一个幸福的家庭，这才是女人最终的归宿。

在生活中，很多相貌平平没有什么突出之处的女人往往生活得很幸福，反倒是那些处处争强好胜、能力突出的女强人容易成为孤家寡人，感情生活难得一帆风顺。究其原因，是因为相貌平平的女人把更多的心思放在家庭上，用心经营自己的婚姻，而女强人更多地关注事业的发展，往往忽略了自己的婚姻。从性格方面来说，女强人大多比较强势，她们习惯了在外面呼风唤雨的日子，殊不知，一个男人不管是强悍还是怯懦，都希望有一个小鸟依人的妻子。因此，这也就间接导致了女强人很难与自尊心强、爱面子的男人更好地相处。其实，要想得到幸福的婚姻也很简单，即对于一个女人而言，不管是有权还是有势，只要回到家里，都要把自己当成一个普普通通的小女人，一个温柔可爱的妻子。这样一来，幸福才会如约而至。对于大多数女人来说，不管拥有多少金钱和多高的权位，假如没有幸福的婚姻，没有美满的家庭，她的人生也是不完满的。和男人天生就喜欢追逐事业的成功不同，很多女强人都是被逼无奈才成为了事业上的强者，实际上，在她们的心底，依然渴望着有一个疼爱自己的男人和一个活泼可爱的孩子环绕膝旁。

　　杨庆玲无疑是一个非常成功的女人，她是一家规模很大的民营企业的老板，事业有成，春风得意。然而，她始终不快乐，因为她没有一个完整幸福的家庭。起初，杨庆玲从很小的一家门店干起，那时，她有一个可爱的儿子和一个疼爱她的老公。然而，为了让家人过上更好的生活，杨庆玲每天都起早贪黑地工作，一个偶然的机会，她把自己的事业越做越大，渐渐地忽略了老公和孩子。等到她意识到这个问题的时候，老公已经找到了新欢，与一个非常普通且离过婚的女人恋爱了。知道这件事之后，杨庆玲什么都没有说，她知道，虽然她给家人创造了很好的生活条件，但却忽略了还要给他们爱和关注。

离婚之后，杨庆玲更是把自己所有的时间和精力都投入工作中去。日久天长，她习惯了一个人的生活。然而，随着年岁渐长，她觉得内心深处越来越空虚，这么多的财富、这么大规模的企业，有什么意义呢？她回到家之后，一个人守着空空荡荡的别墅，内心感到无比的凄凉。杨庆玲把公司交给了副总打理，自己则进行了一次长途旅行，她想安安静静地想一想如何度过自己的余生。旅行回来之后，她就像变了一个人似的，开始关注自己的感情生活，变得有女人味儿了。一个偶然的机会，杨庆玲认识了一个大学教授。他的爱人去世了，孩子在国外，如今一个人生活。杨庆玲觉得和这个教授非常投缘，他们在一起总是有说不完的话，而且很开心。她勇敢地迈出了第一步，和这个教授确定了恋爱关系。经过一段时间的恋爱，他们走入了婚姻的殿堂。尽管已经不是激情澎湃的年轻人了，但杨庆玲还是觉得自己的心理发生了很大的变化，她变得有血有肉了，她的人生变得丰盈了。

显然，杨庆玲的事业非常成功，但是，因为没有完整的家庭，她始终觉得自己的人生是残缺的。直到有了新的爱情，有了婚姻和家庭，她才觉得自己重新变成了一个有血有肉的女人。成功的女人尚且如此，更何况普通的女人呢？作为女人，不管在人生的道路上走多远，都要有爱，有自己所爱的人和爱

第1章　每个处于婚姻中的人，都应该拥有让自己幸福的能力

自己的人陪在身边，有一个幸福美满的家庭做后盾。

 幸福婚姻是最好的化妆品

　　生活本来就是一本无字的书，其中的滋味需要自己用心品尝，或甜美，或清淡，或隽永，或深邃，就好像婚姻一样。都说幸福的女人是最美丽的，因此，女人最想得到的一句赞美词就是：你看上去就是一个幸福的女人。一个女人幸福与否，不在旁人的嘴里，而是要靠自己用心去感受。有人说："生活是可以雕塑一个人的相貌的。"女人的脸，男人的爱，有时候，生命是朵花，爱是花的蜜。生活中，那些拥有幸福生活的女人用爱将生活酿造得比蜜还甜，从而让自己也不知不觉间散发出美丽的光辉。其实，女人的美丽和幸福的婚姻生活是不可分割的。婚姻专家表示，美丽和幸福是一体的，女人只有幸福才会美丽。换而言之，女人的美丽与男人的爱有关系，遇到了对的男人，就会成全女人的美丽；若是遇到了错误的感情，那容颜憔悴是在所难免的。在婚姻生活中，好男人就好像一方沃土，能滋养出最娇媚的花朵。

　　俗话说："恋爱中的女人最美丽。"这话一点不假，那些受到男人呵护的女人是最光鲜亮丽的，她根本不需要任何化妆品，也会让自己变得很美丽。女人的一生中注定会遇到一个人，然后结成连理，她会被他深深地爱着疼惜着，当爱在女人多情的心灵深处扎根的时候，这个女人就是特别美丽的。女

017

人的美丽，是一种感觉，女人不一定要漂亮，但却可以因爱而变得美丽。女人的美丽在于身边男人对自己的爱，对自己的责任，一个有爱、有责任心的男人肯定是魅力十足的，而她身边的女人一定是美丽的。

周末聚会，刘女士说到了"幸福与美丽"的话题，很有兴致地讲了一些身边的事例："几年以前，一位现在在外地工作的中学同学携丈夫到我现在居住的城市旅游。但让我很意外的是，这位当年发愁嫁不出去的丑小鸭竟然出落成一位美丽漂亮、魅力出众的中年少妇。我好奇地问她是如何让自己变得美丽的，她竟然很直截了当地说：'多亏了我老公的精心调养和爱心护理。'

我还有一个面目清秀的女性朋友，多年不见，再相见时，吓了我一跳。一时间竟然不知道该怎么说，我那个朋友倒是很平静，说：'我变老了，是吧？'我吞吞吐吐地回答：'我也老了，咱们都老了，岁月不饶人嘛！'朋友苦笑了一下，说：'我不仅是变老了，更重要的是变丑了，对吧？'朋友都这样说了，我也不好再加掩饰，只好说：'好像也不是丑，只是你和原来不一样了。好像换了一个人似的，整个面目都不同了。'她叹了一口气，回答说：'你还不知道我的婚姻很不幸吗？女人的不幸福是表现在脸上的。'"

在生活中，我们常常说"某某一脸苦相"，实际上，如果你观察那些十七八岁的女孩子，你会发现在她们身上根本看不到这样的相貌，她们大多是年轻的，天真烂漫的。但如果你观

第1章 每个处于婚姻中的人，都应该拥有让自己幸福的能力

察那些结婚后的中年妇女，就能看出谁生活得幸福，谁过得不幸福，因为那些婚姻幸福的女人往往是美丽的，而反之则是一副苦相。

女人的幸福其实很简单，她们渴望在平凡中被呵护着，被爱着。好男人是比较宽容的人，他们往往懂得欣赏女人的美，甚至会包容女人的缺点，对于女人那些小脾气、小性子，他们常常会以温柔顾虑的目光与充满爱意的举止化解女人的阴霾情绪。在如此好男人的细心呵护下，女人难道还会不美丽吗？

对女人而言，一段幸福的婚姻，找个好男人是基础，做个好妻子是条件。虽然你找到了一个好男人，但若是不学会做一个好妻子，你的婚姻生活一样不会幸福。或许，男人可以宽容你的小毛病，但长此以往，他的耐心也是有限的，你若不履行做妻子的义务，那男人对你是有怨言的，最后自然也会以离婚收场，在这样状态下生活的女人自然也不会美丽。

第2章

别在婚姻中患得患失，你只需要努力做好自己

不管在婚姻里你有多么不堪，生活多么不如意，一定要记住，谁也不可能一直庇护着你，即便是另一半也不会一直陪伴你。所以，不管在何时，一定要做好自己，让自己变得强大起来，充满信心，活出属于自己的一片天地。

婚姻中的亲密关系

♥ 唯有真爱可以创造奇迹

在这个世界上,什么是最强有力的?不是那些被称为庞然大物的大象,也不是那些现代化的钢筋铁臂,而是爱。爱,看不见、摸不着,但是却能够深深地扎根于人们的心灵,使心中有爱的人们创造生命的奇迹。很多时候,当大多数人都已经放弃和绝望的时候,是爱的坚持产生了神奇的力量,它能够召唤希望,赶走死神。

假如没有爱,人就是一具躯壳,人世丝毫不值得留恋;假如没有爱,草木就会枯萎,因为缺少滋养;假如没有爱,人就会变得越来越冷漠,人与人的关系会恶化,使这个世间充满暴戾之气。正是因为有了爱,人们才变得有血有肉,才变得充满感情,人世间也变得使人留恋;正是因为有爱,草木才有情,枯木才逢春;正是因为有爱,人与人之间才有了丝丝缕缕的联系,彼此关心,互相照应。在爱人之间,爱情之花开得无比娇艳,它不同于人世间的一切感情。爱情,有着刻骨铭心的深度,有着地久天长的长度,有着无怨无悔的广度。相爱的人,愿意为对方付出自己的一切,哪怕是宝贵的生命;相爱的人,从来不会放弃,即使身陷绝境,他们也愿意为了爱而坚持再坚持。在生活中,有很多爱情的传奇可歌可泣,震撼人心。正是因为有了这些美好的爱情故事,世界才变得更加美好,变得充

第2章 别在婚姻中患得患失，你只需要努力做好自己

满奇迹。

张绕科自小父母离异，后来跟随父亲从新疆迁到甘肃临泽县农村，两年之后，父亲也去世了。从此之后，他就吃百家饭、穿百家衣，好不容易才读完了高中。1987年年底，张绕科应征入伍。到部队之后，他勤奋努力，考上了军校。

1994年春节，25岁的张绕科回到阔别已久的家乡看望乡亲们。一个偶然的机会，县幼儿园教师杨灵霞向他抛出了"绣球"。在此之后，他们鸿雁传情，最终于1996年组建了家庭。结婚之后，他们不仅生活幸福，而且彼此的事业也发展得非常顺利。然而，一夜之间，灾难却降临到这个家庭。1997年11月26日，一个大雪纷飞的夜晚，杨灵霞在学校宿舍不幸煤气中毒，经过医院全力抢救，在昏迷9天之后成为了一个毫无知觉的"植物人"。

在灾难面前，张绕科对妻子不离不弃，他下定决心：即使再苦再难，也要治好妻子的病。

张绕科变卖了家中所有的东西，并且借了很多外债，带着妻子四处治病。不管多么远，只要有一丝希望，他就会毫不放弃地带妻子去。一次，他带着妻子千里迢迢地赶到了广州的一家医院。医生告诉他，要想住院治疗，必须先交几十万元押金。对于负债累累的张绕科而言，几十万元无异于天文数字。开了些药之后，他不得不带着妻子踏上了回家的路途。

因为妻子大多数的脑细胞都已经死亡了，所以她每天都得躺在床上，而且还大小便失禁。张绕科就像照顾一个新生婴儿

一样悉心照顾自己的妻子。为了帮助妻子恢复智力,他还对着妻子说一些两个人之前生活中美好的事情。功夫不负苦心人,有一次,他送妻子到县里医院复查,习惯性地问妻子有没有来过这个地方,想不到妻子的嘴唇居然动了动。这使张绕科欣喜若狂,他的妻子苏醒了,能说话了。

他开始变得信心百倍,把自己下一步的目标定在让妻子会走路上。无数次,他扶着妻子站起来,又摔倒。尽管别人都劝张绕科不要再守着一个活死人过日子了,但是张绕科的心意非常坚决,他要永远守着妻子,照顾妻子。

现在,杨灵霞的病情明显好转,可以说一会儿话,走上几步路。张绕科用自己心中的真爱创造了一个奇迹。他坚信,只要不离不弃地坚持下去,自己一定能够创造出更多的奇迹。

假如心中没有真爱,张绕科就无法坚持下去,假如没有张绕科的坚持,杨灵霞就会变成纯粹的植物人,没有任何清醒的希望。婚姻是两个人一生漫长的陪伴,不仅需要客观物质条件,更需要一份真爱、一份坚持、一份不离不弃。假如不是心中有真爱,张绕科又怎么可能数十年如一日地照顾杨灵霞呢?这也告诉无数在爱情中彷徨的女人们,要想拥有一份稳固的婚姻,一定要心中有真爱,只有彼此真心相爱的人,才会在大的灾难面前不离不弃,相依相守。

♡ 恒久的爱需要忍耐和包容

圣经《哥林多前书》中说："爱是恒久忍耐，又有恩慈；爱是不嫉妒；爱是不张狂，不自夸，不做害羞的事，不求自己的益处，不计算人的恶，不轻易发怒，只喜欢真理，不喜欢不义；凡事包容，凡事相信，凡事忍耐，凡事盼望。爱是永不止息。"圣经是给整个人类的教义，爱情的旅程就像漫长的人生一样，充满了荆棘、坎坷、挫折和泪水。每个人都希望自己能够得到爱情之花，但是艳丽的爱情之花却浑身长满了刺，必须穿越荆棘，冒着被刺的危险，才能接近它，才有可能得到它。爱情之花是用一个人所有的爱与付出浇灌出来的，一个自私的人永远也无法拥有美丽的爱情。如果你不愿意付出，又害怕花的多刺，那么你就无法闻到爱情的花香。所以我们说，爱是恒久的忍耐，是无限的包容。

现代社会，人心越来越浮躁，凡事都进入了"方便"时代。甚至连爱情，也变成了随时可以得到而又随时可以失去的快餐。很多人都不愿意忍耐，做事情总是浅尝辄止，特别是对于爱情，他们已经没有耐心和包容去用尽心血浇灌一朵爱情之花。也许，这正是越来越多的都市人失去爱的能力的原因。纵观古今中外，只要是真正的爱，都必然要经历挫折。这也就是人们平日里所说的好事多磨。在爱中，凡事都要包容，凡事都要相信，凡事都要忍耐，凡事都要期望。喜欢一个人的时候，我们不仅要喜欢他的优点，更要包容他的缺点，有的人说，真正爱一个人就是爱他的缺点。如果一个人真的爱另一个人,就不会要求他为了自己而改变,因为真爱是纯粹的,没有任何私欲。爱,就是爱本来的他,就是爱那个有缺点的不够完美的他。爱,就是爱他的缺点,即使是缺点,在爱情之中也闪着可爱的光芒。爱,就是包容他的缺点,使他像孩子在母亲的怀抱里一样自由自在。

林麒是一家科研机构的工作人员,整日都忙着进行科学研究,根本没有时间照顾妻子和孩子。相反,妻子不仅要照顾孩子和家庭,还要在百忙之中抽出时间来照顾他。因为工作太忙总是深夜才回家,林麒和妻子之间的沟通越来越少,最终,他和妻子之间简直无话可说,形同陌路。看着自己所爱的人渐行渐远,妻子尽管非常痛心,但还是选择了放手。她平静地和林麒离了婚。离婚之后的林麒憧憬着能够开始自己的新生活。然而,没有妻子在家的日子里,他才发现一切都变了样。一个人独自生活了一段时间之后,林麒对于当初离婚的决定后悔万分,直到现在,他才知道妻子一个人默默地照顾他和家庭是多么累。喝多了的林麒痛哭流涕地向朋友诉说着:"我真傻,我错过了这个世界上最好的女人!我以为我是这个家庭的支柱,但是直到现在我才知道如果没有她,这个家就不叫家了。我不知道那么简单的饭菜是要费尽心思才能做得好吃,我不知道孩子要想显得干净整洁必须每天至少换一遍衣服,甚至有的时候要换两三遍衣服,我不知道马桶是必须要认真地清洗擦拭才会干净的……我不知道的太多太多,我总是嫌弃她每天在家里待着还那么早就睡觉，而不能等我深夜回家……我不知道，她原来那么累……我不知道她一直在包容我、忍耐我……"

直到失去，林麒才知道自己失去了最宝贵的爱。在生活中，我们每个人都应该以包容和忍耐去爱自己所爱的人，也要以一颗感恩的心体会对方默默给予我们的爱，千万不要等到失去的时候才追悔莫及。

相信婚姻，战胜内心的怯懦

现代社会的青年男女，大多数是独生子女，从小享受着"衣来伸手、饭来张口"的生活，即使工作之后，也是自己赚钱自己花，不用去考虑太多生活上的琐事。爱情是美好的，恋爱是诱人的，都市男女经历了爱情的洗礼，总希望有个稳定的结局，但是一思及成家后的责任、束缚，很多女人犹豫了，退缩了，甚至"逃婚"事件也在这个"婚恋自由"的社会屡屡上演。

老人们都说，恋爱、结婚、生孩子本是人生三大喜事，可是随着婚期的临近，许多准新娘准新郎心理上都会产生一种莫名的恐惧，这被称为"婚前恐惧症"。"婚前恐惧症"又叫作"结婚恐惧症"是在新人举行结婚仪式前一周或一个月最容易产生的消极心理情绪。心理学家说，这其实是一种"回避心理"在作祟。

当然，"婚前恐惧症"是那些已经有婚约或者即将举行婚礼的人才会出现的状况，而现代社会，大多数女性恋爱期间就已经患上了"婚姻恐惧症"。网络发达，信息传播自由、迅速，人类的生活节奏也随之加快，然而面对媒体铺天盖地的对婚姻的分析，对"围城"的剖解，女人们过早地认识到了婚姻的责任和麻烦：婚后的琐事、孩子的生养教育、婆媳关系的处理、老公是否会出轨等问题都早已列在了女性"婚姻账单"之上。很多女性因为怕自己无法承担如此多的压力而选择不婚或者延迟婚期。

就像小林说的："我是个'80后'的女孩子，一直都没有谈过恋爱。我所在的公司，有很多男同事都离婚了，比如婆媳关系处理不好的，比如有一方有外遇的，这让我感觉到婚姻太不可靠了，也让我不敢轻易相信男人。我担心自己也会经历恋爱、结婚然后再离婚的过程，如果那样，还不如一直单身，因此便对一些对我有好感的男孩敬而远之。可每当节假日的时候，我又感到特别寂寞，甚至连个发短信问候我的男孩都没有，我又觉得自己很失败。现在，我时常处于这样矛盾的心情，无法排解。"

每个女人对婚姻都或多或少地有自己的担心，像小林一样的女孩子在如今的社会上有很多，一方面被爱情吸引，另一方面又害怕责任太重、自由被束缚，在爱与不爱之间徘徊多年，蹉跎了大好青春，到最后还是没有找出答案。

一位心理学家在课堂上讲过这样一个故事：

琼斯是明星报的年轻记者，他对待自己的工作表现很不满意，总认为自己的能力平平，畏惧接受看似有一定难度的工作任务，因此他的工作业绩总是停留在打杂的档次。

有一天，报社新闻采访部的上司交给琼斯一个任务："你去采访一下大法官布兰代斯吧？"

琼斯大吃了一惊，说道："要我去采访大法官布兰代斯？人家根本就不认识我，又怎么肯单独来接见我呢？"

"你不去试试又怎么知道人家不肯接见你？"新闻采访部的上司显然有些生气了，"年轻人必须学着独立行动才行，否则永远也成长不起来的！"

说完，新闻采访部的上司就摸起电话拨了一串数字："喂，请问是大法官布兰代斯秘书处吗？我是明星报的新闻记者琼斯（站在旁边的琼斯惊讶得张大了嘴巴），有一篇稿子想去采访大法官先生，不知道是否可以安排接见一下？"

只听电话那一端愉快地答应了："好的，那就安排在今天下午吧。"

放下电话，新闻采访部的上司拍着琼斯的肩膀说："喏，我已经给你预约好了，是下午一点十五分，你记得按时过去！"

接下来的新闻采访，琼斯进行得非常顺利，而且稿子也写得特别好。

后来，琼斯不止一次地对人说道："也就是从那个时候开始，我学会了单刀直入的做法，虽然做来不太容易但却十分有用。因为，只要一次克服了心中的畏怯，那么下一次也就容易得多了。"

战胜恐惧,也许那只是一小步,但是那一步你迈出去了,对你的人生发展就有很大的意义。对自己来说这是一种突破,战胜了自己内心的怯懦。

人们对婚姻的恐惧,似乎就像琼斯不敢相信自己有能力去采访大法官一样,他认为高高在上的大法官不是他一个新上任的小记者能够企及的。然而他这种担心全是来自别人的经历教训,或者说只是对未知的一种恐惧。当你真正地去接触婚姻,接触你曾不敢接触的那个人后,才发现,原来越是站得高的人越和蔼亲切。心理学家说,面对婚姻,人们应多看看婚姻中美好的部分,如果只看到婚姻中阴暗的部分,就无法正确认识婚姻的美好和意义。正确审视周边人的婚姻生活,你会发现失败的婚姻并不是大家想象的那么多,甜蜜的三口之家其实比比皆是。

有人说:"婚姻就像鞋子,合不合脚只有自己知道",对于那些还没有穿上婚姻这双鞋的人,听了别人说鞋子小就认为所有鞋子都是小的,听别人说鞋子磨脚便打消了穿鞋的念头,殊不知也有很多很多人正在享受着双脚有鞋子保护的温暖和乐趣。每个人都是独一无二的,自己的鞋子只有自己试了才能知道好与不好。

有这样一段小故事:

有一位教师走进教室,手里拿着一张有一个黑点的白纸。他问学生:"孩子们,你们看到了什么?"学生们齐声回答:

"一个黑点。"这时,教师说:"难道你们谁也没有看到这张白纸吗?"

生活中或许真的有很多不幸的婚姻,但是一方面是由于每个人性格的差异,另一方面也是由于媒体的渲染。可以经常和身边已结婚的朋友探讨婚姻生活的美好,增加自己对婚姻的憧憬。此外,有恋人的可以和对方彻谈一次,分析你和他料理生活的弱点,共同商量结婚以后遇到此类情况的应对措施。同时展望以后婚姻生活的美好,增加对婚姻的信心。仔细看看,其实身边幸福的例子很多,多看看幸福的婚姻,多想想好的方面,一切恐惧都会烟消云散。我们不能因为一颗酸葡萄就认定所有葡萄都是酸的,说不定有些人还比较喜欢酸的呢。

♥ 独立自强才是最大的安全感

结婚之前,女人往往非常享受男人向其大献殷勤的感觉,享受被男人追求的感觉。然而,一旦结了婚,女人和男人之间的地位就会发生微妙的变化。结婚之前,男人总是提心吊胆,担心自己好不容易追到手的女朋友会有什么变化,而结婚之后呢?男人感觉就像把自己心爱的女人关进了保险箱,有婚姻作为保障,他们的心里感到踏实多了。和男人的感觉完全相反,结婚前,女人觉得自己是自由自在的风筝,被男人小心翼翼地牵着,生怕一不小心撒手跑了。而结婚之后,她们难免会觉得自己受到了冷落,因为恋爱期间的呵护备至、殷勤周到越来越少见了。一旦走入婚姻，女人就要承担起大部分的家务活动，而男人呢？除了有一个固定的吃饭、睡觉以及娱乐休闲的场所之外，在没有孩子之前，他们的生活几乎没有太大的改变。即使有了孩子，大部分家庭也是由女人来承担抚育孩子的重任。因此，婚姻除了使男人的肩上多了一份责任之外，带给男人更多的是滋润的生活。比起男人来，女人步入婚姻之后生活中琐碎的事情无形中多了很多，她们承担了大部分家务劳动，而且还要养儿育女，照顾丈夫，甚至还要照顾老人。看着男人就像是断了线的风筝一样在广阔无垠的世界中游荡，女人难免会缺乏安全感，担心男人的安全问题，担心婚姻的稳固问题，担心孩子的成长问题，担心家庭的收支平衡问题……如此种种，使得女人极度缺乏安全感。

其实，并非所有的女人婚后都缺乏安全感，关键在于女人如何协调自己和家庭之间的关系，如何协调工作和生活之间的关系。很多女人都很痴情，她们觉得既然结婚了，那么每个人的所有都应该归于家庭，这样才是一个完整意义上的家。因此，在不知不觉之中，她们为家庭付出了很多，而且还有一部分女人为了家庭而放弃了自己的工作和事业，放弃了自己的兴趣爱好，放弃了自己的美好前程。这是爱的奉献吗？对于女人来说，这并非一个明智的选择。人类无产阶级导师马克思曾经说过，经济基础决定上层建筑。在家庭生活中，这个道理同样适用。不管是谁，假如依赖于别人生活，必然会失去自我，成为别人的附属品。作为女人，要想有独立的自由，要想有自己的人生，就一定要有属于自己的工作或者是事业。虽然爱情能够使男人在短时间内心甘情愿地养活自己心爱的女人，但是生活的压力却会使人们不堪重负。日久天长，没有经济来源的女人必然失去自己在家庭中的地位和在男人心目中的位置，与此同时，她们必然失去安全感，成为附属品。因此，要想有安全感，女人首先应该独立自强。

张茜和杜威是大学同学，大学毕业工作两年之后，他俩走进了婚姻的殿堂。张茜非常聪明能干，有一份很好的工作，但是，怀孕之后，因为张茜的身体比较虚弱，所以杜威强烈要求她辞职回家，专心养育孩子。左思右想之后，张茜放弃了那份令自己满意的工作，成为一名全职家庭主妇。起初，杜威非常感谢张茜，毕竟她为这个家牺牲了很多。然而，日久天长，随着孩子的成长，家中每日的开销也越来越大，杜威感受到自己身上沉甸甸的担子，开始变得急躁起来，脾气也越来越坏。

一天，孩子不小心摔坏了张茜新买的手机，杜威马上大吼起来："你这个孩子，怎么把妈妈新买的手机摔坏了呢？你知道这要花多少钱，你这个败家子儿！"张茜看到两岁多的孩子被吓得哇哇大哭，赶紧说："坏了就坏了，再买一个。孩子这么小，他哪里知道什么呀？""再买一个，说得倒轻松。你天天在家里待着，哪里知道挣钱是多么艰难的事情呢？"杜威怒气难消。听了杜威的话，张茜的心中充满了委屈，也很不安。她知道，杜威已经开始抱怨了，抱怨沉重的家庭负担，抱怨自己没有经济来源，要靠他养活。随着时间的流逝，张茜心中的不安全感越来越强烈，因为担心杜威在外面寻开心，她有的时候甚至会半夜起床查看杜威的手机。张茜知道，自己的心病越来越严重了。好不容易到了孩子3岁的时候，张茜毫不犹豫地把孩子送到了幼儿园，她自己则出去找了一份工作。虽然一切都要重新开始，工资也不高，但是她的心里却很踏实。她知道，自己又找回了自己，可以再次以树的形象与杜威并肩而立。

果然，张茜上班之后，家里多了一份收入，杜威的心情也好多了。张茜的心里松了一口气，只有在这种情况下，他们的婚姻才能在良性的轨道里运转。

因为张茜没有收入，所以一家三口的消费都需要由杜威来承担，尽管他刚开始的时候非常感谢张茜为了家庭牺牲了自己的事业，但是日久天长，也难免心生埋怨。幸好，张茜是一个新时代的女性，她知道自己的不安全感来自哪里，也知道如何使自己充满信心，重获安全感。因此，她把3岁的孩子送到幼儿园，坚决果断地回到了工作岗位上。总而言之，女人要想有安全感，就必须自立自强，实现经济上和人格上的双重独立。只有这样，女人才能以树的形象与男人比肩而立，而不会成为男人的附属品和沉重负担。

❤ 淡然面对婚姻，让自己幸福才最明智

爱情，或许是这个世界上最虚幻的东西，很多自称为专家

的人告诉我们：如果他爱你，他就会怎样怎样去做。但是当我们真正爱着的时候，谁还会去在乎这些？爱只是一种感受，你觉得爱了那便是爱，如果所有的爱都可以用一个参照来衡量，那么这份爱也便不值得拥有。

每个人都会憧憬美好的生活，每个人都希望得到一切自己想要的东西。女人，经常会在爱情和物质面前摇摆不定，似乎只有两者兼得的人才是真正幸福的人。选择了爱情的女人，或许正在为着一日三餐、衣食住行烦恼不已，昨日的爱情早已在柴米油盐的计较中磨损殆尽；而选择了物质的人，空守着一个富丽堂皇的房子，却没有什么能填满自己的心。女人们开始患得患失，一方面后悔当初的选择，另一方面又为现在的烦恼疲惫不已，女人该如何选择婚姻才能得到幸福呢？

有这样一个故事：

有一位百万富翁，他拥有一家世界顶级的豪华饭店。每天上午11点，这位富翁都会坐在一辆耀眼的汽车里穿过纽约市的中心公园。

在穿过中心公园的时候，这位百万富翁发现了一件有趣的事：每天上午都有一位衣着褴褛的人坐在公园的凳子上死死盯着他开的那间酒店。百万富翁对这个人产生了极大的兴趣，有一天，他终于按捺不住自己的好奇心，让司机停下车走到那个穷人的面前说："请原谅，我不明白你为什么每天上午盯着我住的酒店看。"

那个穷人认真地说："先生，我没钱、没家庭、没住宅，只得睡在这条长凳上,不过,每天晚上我都梦到住进了那座酒店,所以每天醒来之后我都会注视着那座豪华酒店,我多么希望自己能够真的住在哪里啊,哪怕只有一晚!"

百万富翁觉得很有趣,于是就对那人说:"今天晚上我就让你如愿以偿。我为你在酒店订一间最好的房间,并支付一个月房费。"

几天后,百万富翁路过穷人住的酒店套房,想顺便问一问他是否觉得很满意。然而,他发现那人早已搬出了酒店,重新回到公园的凳子上了。

百万富翁来到公园,询问穷人为什么要这样做时,穷人回答道:"一旦我睡在凳子上,我就梦见我睡在那座豪华的酒店,我对它充满了无限遐想;可是一旦我睡在酒店里,我就梦见我又回到了冷冰冰的凳子上,这梦真是可怕极了,完全影响了我的睡眠!"

婚姻中的女人就如同睡在长凳上的乞丐,乞丐在没钱的时候总做着住在豪华饭店的美梦,就像没钱的女人总是渴望有个富有的老公和漂亮的房子一样;然而一旦女人拥有了足够她挥霍的财富,便犹如如愿以偿住在豪华饭店中的乞丐一样,心神不宁,一来怕好东西会失去,二来发现"男人有钱就变坏",即使不变坏,应酬多了,自己理想中缠绵的爱情依然只能出现在梦中。这样的患得患失、这样的烦恼或许是每个女人都要经受的,世上的确没有十全十美的好事,选择了就要承受选择的结果。

很多人都遇到过这样的事：小的时候学校总是要求穿白网鞋，因为没有钱，总是一双鞋穿到头。看着别人都有新鞋子穿，看着别人的鞋子都是那样的白，而自己的却已经刷得泛黄，心里那个不是滋味呀。开学的时候，妈妈终于同意给买一双新的白网鞋，心里别提多开心了，可是很快你就会发现自己变得很不安。穿着新鞋子的时候，做起事情来要一万个小心，走路不敢大步走，怕别人踩到自己，怕鞋子沾上泥，整天小心翼翼、战战兢兢，于是你变得担忧、焦虑，甚至开始恨你手里的那个梦寐以求的东西了。想来想去还是穿那双旧鞋好了，新的等到重要的时候再穿吧！

对于一双鞋尚且如此，对待你视为生命的感情，就更不用说了。每个人都有自己想要的感情，可是大多数人又不知道应该如何处置它！正确对待自己想要得到的和已经得到的，才是一个人健康成熟的表现！

很多女人在恋爱的时候对自己的恋人百分百信任，两个人如胶似漆，思想也很有默契，好得就像是一个人，然而一旦走入婚姻，一条短信，一个过于频繁的电话或者是男人与某个女同事的近距离接触，都会让女人耿耿于怀，患得患失。不是女人不够大度，也不是不再信任对方，只是在全心全意为家庭付出的时候，这颗心经不起一点动摇。一旦走入婚姻，女人就希望是一辈子，所以很用心地经营，但是女人必须知道，婚姻并不是万能的，婚姻也永远不能成为你的一切，对于每一个女人来说，自己幸福快乐的生活才是最重要的，其他的，能放则放！

❤ "婚姻"并非女人的保护伞

说到婚姻,大多数女人首先想到的就是一个爱自己又能让自己依靠的好老公。从古至今,女人在体力上始终处于劣势,在从前靠力气吃饭的时代,这使男人成了家庭的支撑,也使女人从地位上从属于男人,更从思想上完全地认为自己理所当然地应该依靠男人。

当然,每个人都有依赖心理,无论男女老幼,都希望有人照顾自己,希望生活中有个支撑,自己可以无后顾之忧。适当的依靠可以让自己放松身心,可以促进生活的和谐美好,但是如果一个女人没有限度的,一味地依赖自己的老公,那么就会成为一个让人厌恶的寄生虫,俗话说"流水不腐,户枢不蠹"就是这个道理。

心理学家也曾分析说,依赖心理是一种消极的心理状态,影响个人独立人格的完善,制约人的自主性和创造力。作为"人"这样一个个体来说,依赖心理不利于自身的健康发展,而对于"婚姻"这个整体来说,依赖心理更是一剂毒药。

生活中经常会有这样的例子:女人与男人结婚多年,一直习惯了和这个男人一起生活,忽然有一天男人要离开她,她顿时就像迷途的小鹿,无所适从了。她已经很久没有工作过了,每天过着洗衣煮饭看电视剧的家庭主妇生活,不再和朋友联系,不再出去应酬交友,她的生活依靠着男人,思想也依靠着男人,她的世界里只有她的男人。而多年后的这天,她的男人却不再属于她了,对于她来说,一切都将重新开始。

经历过这样境况的女人,有的走了极端,选择了最简单的逃脱方式,离开了人世;有的在颓废消极了很长一段日子之后,不得不重新开始生活。不管结局如何,这样的遭遇是值得每个女人警醒的,"婚姻"并非女人的保护伞,女人可以永远依赖的只有自己。

在一节心理学教授的课上,听到过这样一个故事:

一个只有一条胳膊的乞丐来到一家门口,向女主人乞讨。空空的袖子晃荡着,让人看了很难受。可是女主人却指着门前的一堆砖对乞丐说:"你帮我把这堆砖搬到屋后去吧。"

乞丐生气地说:"我只有一只手,你还忍心叫我搬砖,不愿意给就不给,何必刁难我?"

女主人没有生气,俯身搬起砖来,故意只用一只手搬,搬了一趟才说:"你看,一只手也能干活。我能干,你为什么不能干呢?因为有一只胳膊,就依赖乞讨?"

乞丐愣住了,用异样的目光看着女主人,终于俯下身子,用唯一的一只手搬起砖来,一次只能搬两块,他整整搬了两个小时才把砖搬完。

女主人递给乞丐20元钱,乞丐伸手接过钱,很感激地说:"谢谢你。"

女主人说:"你不用谢我,这是你自己凭力气挣的工钱。"

几年后,一个西装革履,气度不凡的大老板来到女主人的家,他很有气派,但少了一条胳膊。原来,他就是当年的那个乞丐。

他如今是一家公司的董事长，特意来感谢女主人，他说："当初我只是依赖乞讨过生活，是您给了我自力更生的启示，我才有了今天。"

每个人都有独立生活的能力，只是思想上的贪婪和懒惰使得很多人成为了别人的寄生虫。乞丐也是如此，一个伸手向别人要饭吃的人，一辈子都只能做乞丐，而一个肯自力更生的乞丐，要饭不过是他暂时的保命措施，有一天，他会依靠自己的能力过上和普通人一样，甚至更好的生活。

婚姻中的女人，不要以为自己是女人就理所当然地去依靠男人，不要像乞丐一样认定"要饭"就是自己的本职。有工作的女人在经济上有独立感，这种感觉能使她们的精神独立有相对坚实的基础。很多女人之所以离不开自己已经不再喜欢的男人，就是因为一旦离开他，自己便立刻失去了生活的保障，这样的女人如果不能摆脱掉对男人的依赖，就只能在男人的呼喝声中苟活了。

心理学家说，依赖性强的人是可怜而孤独的人，他们四处碰壁，不被信任，不受欢迎，遭人鄙视。人们产生依赖心理，往往是为了使自己的生活更加轻松美好，然而却总是忘记了"天上不会掉馅饼"的古训，任何事都是两面的，有好的一面就会有坏的一面。对于女人来说，用一时的懒惰和逃避换取一辈子的失落和后悔，值与不值显而易见。

有人说："结婚就是两个人搭伙过日子，要互相扶持。"

这话说得对，如果你找到了一个会过日子的人，能够把日子过得红红火火，你便应该暗自庆幸并且努力维持，而不是放弃自己的义务去依赖对方。任何美满的家庭都要靠男女双方的努力，失掉任何一方的力量，都不能维持长久，并且，任何女人都希望也应该享有与男人平等的权利，但是，女人是不是也应该付出相等的义务呢？摆脱依赖心理，不是放弃了享受的机会，而是拥有了独立的人格。

　　依赖心理影响一个人独立人格的完善，制约人的自主性和创造力。因此，心理学家提出了消除依赖心理的有效方法：首先要克服依赖习惯。当依赖成为一种习惯时，它对人心理的影响就会达到根深蒂固的地步。你应该分析一下自己的行为中哪些应当依靠他人，哪些应由自己决定把握，从而自觉减少习惯性依赖心理，增强自己作出正确主张的能力。其次是增强自信心。有依赖心理的人往往缺乏自信，自我意识低下。最后是要树立奋发自强的精神。常言说，温室中长不出参天大树。当今社会是开放竞争的社会，每个人都要在激烈的竞争中求生存谋发展。因此，要及时调整自己的心态，适应时代变革，拥有健全的人格和良好的社会适应能力。

第3章

♥

鞋子合不合适，只有自己的脚最清楚

每个人都有自己的"婚姻偏好"，当人们在考虑婚姻大事时，一定要考虑找一个什么样的对象。诚然，我们并不能找到十全十美的另一半，但一定要找一个适合自己的伴侣，根据自己的偏好选择最适合自己的伴侣。

♥ 只要适合，就是最好的伴侣

关于择偶，每个人都有自己不同的标准，例如，有人喜欢个子高的，有人喜欢比较胖的，有人喜欢有钱的，有人喜欢有真爱的，有人喜欢大方的，有人喜欢英俊的……总而言之，假如让一百个女人描述自己心目中理想男人的模样，这一百个女人一定能够描述出一百种类型的男人。那么，究竟哪种类型的男人是最好的呢？其实，这个问题没有明确的答案。不能说哪种男人就是最好的，对于选择人生伴侣的女人而言，适合自己的人就是最好的。举例来说，在追求金钱和享乐的女人眼中，有钱的大富豪无疑是最合适的结婚对象。但是，在注重爱情和精神交流的女人心里，自己所爱的并且也爱自己的男人才是理想的结婚对象，而不管他是穷还是富。这就是所谓的最好，每个人都有自己的一套标准，每个人都坚持自己的选择，不愿意被他人品头论足。

人们常常用鞋子来比喻婚姻。确实，灰姑娘的水晶鞋是她的两个姐姐剁掉脚上的一块肉也无法穿上的。因为，那双鞋子只适合灰姑娘。婚姻也是如此。有位名人曾经说过，这个世界上没有完全相同的两片树叶，同样，这个世界上也没有完全相同的两个人，尤其是在面对爱情的时候。爱情是人类最美好最柔软的感情，它能使人内心深处最柔软的地方也不由得悸动

第3章 鞋子合不合适，只有自己的脚最清楚

起来。正是因为如此，每个人对于爱情的理解和看法都是不同的。在寻找人生伴侣的时候，我们完全没有必要遵从七大姑八大姨的意见，唯一需要听从的就是我们的内心。只有倾听自己心灵深处的声音，我们才能准确地找到自己想要的是什么。一个风光无限的男人，假如不适合你，自然无法成为你理想的结婚对象。一个别人眼中不那么完美的男人，只要适合你，对你而言，就是最好的人生伴侣。

大红离婚了，原因是她的丈夫在发达之后投资拍摄电视剧，和剧组中的一个三流演员好上了。为此，和丈夫同甘共苦到今天的大红深受伤害，整整10年，她没有再谈恋爱，因为前夫留在她心里的伤疤还在。10年之后，在母亲的介绍下，大红认识了梁锦。梁锦是一个非常优秀的男人，看上去踏实稳重，非常可靠。大红的母亲很心仪这个未来女婿，总是催促大红和梁锦结婚。

在筹备婚礼的时候，大红的前夫突然出现了。原来，他被那个演员骗走了所有的财产，如今孤身一人，无比凄惨。在看到前夫的一刹那，大红的心里猛地一揪。她原本以为自己已经从前一段感情中走了出来，直到此刻，她才意识到自己始终都没有忘记前夫，尽管他曾经残忍地背叛了自己。看着前夫穷困潦倒的样子，大红拿出了自己的积蓄给他，并且让他好好生活。因为做了很多年的生意，前夫有了资金之后，很快就开了一家服装店，并且开始盈利。看着大红，前夫万分后悔，他跪在大红面前请求她的原谅，并发誓说这辈子再也不会干任何

对不起大红的事情了。看着大红痛苦的样子，母亲知道她并没有对前夫死心，因此更加着急地催促大红和梁锦结婚。做母亲的，永远也忘不了自己的女儿当初被抛弃时要死要活的样子。然而，大红迟疑了。她知道，梁锦的确是一个不可多得的好男人，但是她和梁锦在一起的时候却从来没有过怦然心动的感觉。梁锦喜欢文学，喜欢吃西餐，但是大红却喜欢打麻将，喜欢吃被梁锦称为是垃圾的路边摊。在前夫的再三哀求之下，大红取消了和梁锦的婚礼，回到了前夫的身边。面对母亲的不理解和质疑，大红很平静地说："妈，我已经40多岁了，我知道我想找什么样的人。梁锦是很好，可是他不适合我。"复婚之后，前夫非常珍惜大红，她的脸上，终于又露出了久违的笑容。

一个优秀的男人，未必就是适合你的结婚对象；一个不那么优秀的男人，未必就不是适合你的结婚对象。上帝造人的时候，把原本是一体的男人和女人变成了两个独立的个体，自此之后，在茫茫人海中，男人和女人就开始了寻找。有的人很幸运，找到了最适合自己的另一半；有的人则很不幸，终其一生也没有找到属于自己的另一半，只好找个人凑合着像奄奄一息的火苗一样乏味地度过一生。不管是男人还是女人，千万不要只盯着表面的浮华，而要问问自己的内心：他，是我要找的人吗？

水晶鞋好看，但是穿起来却没有布鞋舒服，是穿着美丽的水晶鞋每走一步都疼痛钻心，还是穿着舒适的布鞋随心所欲地畅游人间，享受夫唱妇随的乐趣，这取决于你的选择。

好的伴侣，是心中有爱的人

大多数女人在描述自己心目中的理想男人时，都会选择有责任心、有事业心、积极上进、诚实、事业有成等特质的男人。其实，她们忽略了一个好男人必备的条件，即有爱心。不管是男人还是女人，都应该心中有爱，只有心中有爱的人，才会用充满爱的眼光看待这个世界，才会爱自己身边的每一个人，才会使自己的生活充满阳光。假如人生没有爱，就会阴云密布，使人失去希望，充满绝望。作为男人，更应该心中有爱。一个心中有爱的男人，懂得感恩，懂得珍惜生命中所拥有的一切。因为心中有爱，他们更宽容地对待自己身边的人，更加理解和体谅别人的苦衷。因此，他们从来不会揪住别人的小错误不放，而是豁达大度，坦诚相对。因为心中有爱，他们的责任心更强，不管是对父母、对妻子、对孩子，还是对国家、对社会、对整个人类，他们都能够责无旁贷地承担起那份沉甸甸的义务。所以，不管你对男人有着怎样的要求，首先都要要求男人心中有爱。只有在这个最基本的前提之下，男人才能够算得上是一个合格的爱人。

在这个世界上，万事万物都需要爱情的滋养。假如没有爱，整个世界都会黯然失色。心中有爱的男人，才能够对自己所爱的女人充满激情，不管她需要什么，他都会毫无保留地奉献出来；心中有爱的男人，才会对生活充满希望，不管生活给他制造了多少麻烦和阻碍，他都能够坚持不懈地战胜困难，实现自己最终的目的。心中有爱，才能够创造生命的奇迹，因为爱具有神奇的力量。心中有爱的男人是善良的，他们不仅宽容地对待自己所爱的人，也能够宽容地对待整个世界。作为女人，要想得到长久的幸福，一定要找一个心中有爱的男人结婚！

戴静结婚之后，发现原本对自己殷勤周到的老公变了。也许就像人们所说的，很多男人在结婚之后，就会觉得曾经的女友一旦结婚，就像进了保险箱，再也不需要放在手心里呵护备至了。为此，戴静一肚子怨气，总是无缘无故地对老公发火。然而，老公依然我行我素，他每天都起早贪黑地上班，有的时候，为了能够赚到额外的加班费，他还会主动要求加班。当老公凌晨两三点回家之后，戴静给老公的就是一张冷脸。日久天长，戴静简直觉得步入婚姻是错误的，她想要恢复曾经一个人自由自在的生活。

有一天深夜，戴静突然觉得肚子疼，而老公此时却在加班。戴静赶紧给他打了电话，接着又挣扎着为自己叫了急救车。当戴静躺在医院里的时候，却惊讶地发现老公也到了医院。原来，夜深人静，既没有公交车，也没有出租车，他是借了同事的自行车骑了五六十里路赶来的。而这五六十里路，因为心急如焚，他居然只用了半个小时的时间。看着气喘吁吁、脸色煞白地守在医院门口的老公，戴静不由得为自己曾经的无理取闹而感到羞愧。戴静得了急性阑尾炎,需要马上做手术。老公寸步不离地守在手术室外面,并且请了整整15天的假照顾戴静。看着戴静,老公责怪地说:"以后可不要吃乱七八糟的东西了,你看,这多危险啊,差点儿就穿孔了。吃饭的时候多注意一些,得病的概率就会减少一些。"戴静看着老公问:"老公,给你添麻烦了,你看,你请了这么长时间的假,而且,我做手术也花了很多钱。"老公听了戴静的话后佯装生气:"傻丫头,说什么呢!你生病了,我还不应该请假照顾你吗?只要你平平安安的,花多少钱我都愿意!我平日里主动要求加班,不就是为了多挣些钱给你更好地生活吗!我是你丈夫,咱们之间不应该说'谢谢',更不应该分彼此!"为了给戴静增加营养,从来不下厨房的老公给戴静熬了鸽子汤,因为他听别人说做手术的人喝了鸽子汤刀口在阴天下雨的时候不痒。看着老公手上被油烫出了红红的小点点和一个个水泡,戴静不由得泪如雨下。她很庆幸自己得了急性阑尾炎,要不,她怎么能找到老公内心深处对自己深深的爱呢?

男人的爱总是深深地埋藏在心底,需要女人用心去体会。嫁给一个心中有爱的男人,是女人最大的幸福。只有心中有爱的男人,才会在女人需要的时候对女人呵护备至、疼爱有加。只有心中有爱的男人,才愿意为了自己所爱的人努力拼搏,给爱人最好的生活。

♥ 风趣的伴侣，为婚姻增添许多欢乐

在国外，幽默是一种非常优秀的品质，不仅能够自娱自乐，而且能够带给身边的人很多欢乐。不过，在中国，因为儒家和道家的影响，国人们更加崇尚严肃和庄重。我们不习惯幽默，因为那不符合我们为人处世的风格。近几年来，随着时代的发展，我们与国际潮流的接轨越来越多。所以，被西方人所崇尚的幽默也逐渐得到了国人的认可。在择偶的时候，女人们也开始学着欣赏幽默的男人。

通常情况下，一个幽默的男人一定是一个积极乐观的人。生活原本就是充满艰辛的，作为女人，你是愿意和一个遇到困难的时候愁眉苦脸的人共度一生呢，还是愿意和一个在困难面前谈笑风生的人共度一生呢？幽默的男人不仅具有乐观开朗的个性，而且能够从容地面对生活中的很多挫折和困境。他们往往学识渊博、才思敏捷，能够在合适的时候用幽默调侃自己，也给身边的人带来快乐。幽默并非简单地耍嘴皮子，幽默需要人们深刻理解语言的含义，并能利用语言的妙用给生活带来情趣。和一个幽默的男人在一起，女人能够笑口常开，青春永驻。在寻找人生伴侣的时候，在关注众多必不可少的品质时，也要用心地去寻找一个幽默的男人，去选择一种积极乐观的人生。有一位心理学家曾经说过："具有幽默感的男人，是一个幸福的男人。"同样的道理，找一个具有幽默感的男人做老公，一个女人也一定能够得到更多的幸福。幽默，如今已经成

为现代好男人必须具备的基本素质之一。

在美国西海岸,有一条公路有一个急转弯,而且旁边还有一个深湖,属于典型的事故多发地段。为了防止开车的人们掉入湖中,一个美国男人想出了一个别出心裁的标语:"假如你的汽车会游泳,那么请照直开,无须刹车。"果然,原本无论怎样警示都事故高发的地区在有了这条标语之后,事故发生率大大降低了。每一个开车路过这里的人看到这条标语的时候都会会心地一笑,然后自觉地减慢车速。如此一来,这个充满智慧的男人不仅达到了自己的目的,而且给人们带来了很多的快乐。试想,假如一个女人能够有幸与这样一个有幽默感的男人在一起生活,她该多么幸福啊!

赵娜是一个非常幸福的女人,每天都乐呵呵的。其实,熟悉赵娜的人都知道,曾经的她性格内向,敏感而忧郁。在大学同学聚会上,同学们简直不认识赵娜了,因为出现在他们面前的是一个谈笑风生、幸福溢满眉梢的人。女同学们都问赵娜:"十年了,你是越活越年轻啊。有什么秘诀吗?赶快告诉我们!"赵娜笑着说:"什么越活越年轻啊,那岂不是成了老妖精了?我只是找了一个有幽默感的老公而已,每天都乐呵呵的。人们不都说笑一笑十年少吗,所以皱纹的刻刀就暂时放过我了!"女同学们更感兴趣了:"幽默居然有这么大的功效?说来听听!"赵娜沉思片刻,说:"例如吧,夫妻过日子没有锅碗瓢盆不相碰的。有的时候,明明要吵架了,但是只要我老公适时地幽上一默,我就马上转怒为喜了。有一次,因为一件小事情我们发生了争执，正当我河东狮吼之际，婆婆突然推门而入，这时，我老公说：'妈妈，你是不是以为要下雨？其实，只是在打雷而已，不要担心了，不会下雨的。'婆婆听了这话笑了笑就出去了，我也忍俊不禁。我老公是一个特别幽默的人，在他发挥他的幽默特长的时候，你一定会忍不住笑出声来，怒气自然就消了。所以，我们很少吵架，即使有点儿小矛盾，也很快就化解了。"听到这里，一个女同学恍然大悟地说："难怪人家国外的女人找男朋友的时候都要求对方必须懂幽默、会幽默呢！我看，咱们就是太没有幽默细胞了。你真幸运，居然找到了这样一个幽默的老公！"

幽默能使女人更幸福，就像事例中的赵娜一样，她原本性格内向忧郁，但是因为有了幽默老公的陪伴，居然渐渐变得乐观开朗了起来。虽然有的女人觉得总是笑容易长皱纹，但是那种精神上的幸福和满足感却不是美丽的容颜能够取代的。有一种幸福是发自内心、由内而外的，赵娜的幸福就属于这一种。

作为女人，要想得到幸福的生活，就要培养自己的幽默感，同时努力寻找一个具有幽默感的老公。生活对于每一个人都是公平的，面对生活中的坎坷挫折，幽默的人能够积极乐观地从容应对，缺乏幽默感的人则很容易陷入悲观绝望之中。因此，我们要找一个有幽默感的男人作为终身伴侣！

♡ 婚姻需要浪漫，更需要踏实的幸福

有人说，婚姻就像是一双鞋子，合不合脚只有自己才知道。这是一个非常形象生动的比喻，在这个世界上，有多少种鞋子就有多少种婚姻。鞋子有千百种，那么，婚姻也有千百种。有的婚姻像鲜艳的红舞鞋，起落旋转在梦想的舞台上；有的婚姻像漂亮的水晶鞋，飘浮在可望而不可即的童话故事中；有的婚姻像足下生风的运动鞋，来去匆匆；有的婚姻像妈妈亲手缝制的布鞋，虽然不好看，但是却非常舒适……毋庸置疑，很多女孩子的心里都有一个瑰丽的梦，希望自己是幸运的灰姑娘，能够穿上那双美丽的水晶鞋。然而，鞋子不仅要讲究美观，也要讲求适用，归根结底，只有一双适脚的鞋子才能使人们步履生风地走过漫长的人生之路。这就如同婚姻，每个女孩都幻想着自己的白马王子能够骑着白马来找自己，但是，世界上的白马王子却太少太少了。婚姻不仅需要浪漫，也需要脚踏实地。

为了追求虚荣和物质的享受，有一些年轻漂亮的女人义无反顾地投入到了有钱老头子的怀抱，巨大的年龄差使他们的生活根本无法同步，但是，仅仅为了奢华的享受，她们就付出了自己的感情和爱的权利；有些女人则更加踏实，她们知道自己的分量，所以为自己选择了一个条件相当的丈夫，一起面对平淡的生活，一起携手走过漫长的人生之路；还有些女人为了爱义无反顾，甘愿和所爱的人一起吃糠咽菜，风餐露宿。第一种

盲目拜金的婚姻观当然是我们所不提倡的。是坐在自行车上笑还是坐在宝马车里哭？对此，每个女孩都有自己的选择，也有着各自不同的感受。在第二种和第三种之间，你选择哪一种？也许有很多女孩会觉得第三种更加浪漫、更加炽烈。然而，爱情是虚无缥缈的，婚姻却是实实在在的。古人曾经说过，巧妇难为无米之炊，还有人曾经说过，贫贱夫妻百事哀。假如缺衣少食，即使再崇高和美好的感情也难以抵挡得住生活的侵蚀。由此可见，我们不能盲目拜金，也不能视金钱为粪土，因为幸福的婚姻要建立在一定的经济基础之上。面对婚姻的时候，很多女孩会觉得不够浪漫，其实，婚姻不仅需要浪漫，也需要脚踏实地。爱情可以是纯粹的浪漫，但是婚姻只有脚踏实地才能更加长久和稳固。

那丽是一个爱情至上主义者。为了爱情，她可以抛弃一切，付出所有。然而，她的爱情之路却并不如她的爱情宣言那般声势浩大。早在读大学期间，那丽就喜欢上了一个男孩。这个男孩是她的校友，来自农村，家里非常贫穷。最糟糕的是，这个男孩的事业心不是很强，学习成绩中等，属于那种混日子型的。这就注定了他没有办法改变自己的现状，更无法给那丽幸福的生活。然而，他每天都会省吃俭用地送一只红玫瑰给那丽，这使那丽就像是鬼迷了心窍一般，死心塌地地要和这个男孩在一起，尽管家人朋友中没有任何人支持他们。就这样，毕业之后，那丽很快就和这个男孩在租住的房子里结了婚。婚后，那丽原本想的是"有情饮水饱"，但是现实情况却恰恰相反。他们之间非但没有了恋爱期间的卿卿我我，反而三天一小吵，五天一大闹，直至离婚。离婚之后，那丽终于想明白了一个问题，即只有爱情是不行的，只有浪漫是无以为生的。面对捉襟见肘的局面，那丽不再因为男孩买来的那支玫瑰花而感动，而是觉得非常生气。肚子都填不饱，还有什么资格谈恋爱呢？在如此艰难地度过两年之后，那丽最终提出了离婚。她以自己的切身经历告诉朋友们："找老公，一定要找一个有点儿实力的，最起码能够解决温饱问题的。否则，再好的感情也是禁不起生活的考验的！"

只有浪漫的爱情根本不足以维持婚姻，因为婚姻需要很多方面的营养。面对爱情，我们一定要保持清醒和理智的头脑，尤其是当面对对方的非常浪漫的容易打动人心的举动时，我们更要充分思考婚姻需要的是什么。当然，爱情是婚姻的基础，浪漫是必不可少的，但是，脚踏实地也是必不可少的。爱情可以如水中花镜中月般虚无缥缈，婚姻却不能，婚姻必须脚踏实地，实实在在。婚姻是真实的，可以触摸的。

爱情可以浪漫，婚姻必须现实

在情窦初开的年纪，每个女人都会对爱情有无限美好的憧憬，甚至还会情不自禁地做着一个瑰丽浪漫的梦。的确，爱情是美好的。早在少女时代，女孩们就开始无数次地在心中幻想着自己的爱情，幻想着自己的白马王子。在爱情的愿景中，没有一个女人不想让自己成为公主,从而得到王子全心全意的爱和呵护的。然而,假如说爱情是飘浮在空中的,如梦似幻,那么,婚姻就是落在地上的,必须脚踏实地,接受生活的琐碎。当一个男人是你的男友的时候,他也许可以无限度地满足你的要求,满足你对爱的憧憬;但是,当一个男人变成你的老公的时候,在承受巨大的生活压力的同时,他还能够始终用温软的细语对待你吗?生活,锅碗瓢盆总有相互碰撞的时候,夫妻之间没有不吵架的。

在初尝爱情甜美滋味的时候,很多女人对爱的幻想是不切实际的,她们觉得,只要有了爱情,就能够拥有一切。其实不然。爱情,远远不是生活的全部。生活,不仅需要爱情的支撑,还需要方方面面的条件,如衣食住行,如柴米油盐。这一切,都要有物质的支撑。一味地为了爱情而嫁给一个身无分文的浪荡之子,在享受浪迹天涯的潇洒人生的同时,也要承受缺衣少穿、风餐露宿的艰辛。假如人们每天都在为了吃住而发愁,还有什么心思谈情说爱呢?即使是再好的感情,也会在为生活愁苦的过程中消耗殆尽。由此可见,爱情可以虚无缥缈,但是幸福的婚姻却要有一定的经济基础。作为女人,在挑选老公的时候,固然要有感觉、要来电,要找一个浪漫的男人,但更重要的还在于,也要找一个符合现实生活的好男人。一个男人,仅仅会浪漫是不够的,因为浪漫只是一种内心的感受,下班回家的路上采摘一朵野花戴在妻子的头上是浪漫,情人节的晚上送一枚草编的戒指给女友也是浪漫,然而,浪漫只是一时

第3章 鞋子合不合适，只有自己的脚最清楚

一地的心情，而不是一生一世的责任。好男人，不仅会浪漫，而且能够勇敢地承担起家庭的责任，照顾好自己的妻子儿女，使他们有一份安稳无忧的生活。在遭遇困境的时候，好男人应该能够挺身而出，顶天立地，为家人遮风挡雨。好男人不会让自己心爱的女人流泪，不会让自己的女人和孩子吃了上顿没下顿。要想找到一个好男人，作为女人，在寻找人生伴侣的时候就要考虑得更加周全，这样才能给自己寻找到一生的幸福。

爱情是虚的，婚姻是实的，这个道理小曼很久之前就已经知道了。尽管如此，处于恋爱年龄的她还是义无反顾地投入了玉林的怀抱。玉林是一个退伍军人，高大英俊，不过，他没有稳定的工作，因为眼高手低，他根本看不上复员之后政府给安排的工作。但是，玉林却很会讨女孩子的欢心。每到下班的时候，他就会穿着一身洗得发白的军装在小曼工作的纺织厂门口等她，骑着自行车带着小曼穿行在林荫大道上。知道小曼喜欢吃辣，他就费尽心思地学会了制作四川泡椒的方法，使小曼吃上了自己爱吃的四川泡椒。每到节假日的时候，他不是带着小曼去爬山，就是陪小曼一起去看电影。他会精心为小曼准备一份生日礼物，而且是使小曼非常感动的礼物。在那个青涩的年纪，尽管父母反对，尽管玉林没有稳定的经济来源，小曼还是不顾一切地和玉林结婚了。

然而，在新婚的甜蜜和新鲜感过去之后，小曼渐渐地开始对玉林产生了不满。尤其是在孩子出生之后，他们几乎是三天一小吵，五天一大吵。原来，玉林不管对什么工作都不满意，

要么嫌工资低，要么觉得工作太累，甚至还会嫌弃工作不够体面。在短短的3年时间里，他频繁地换工作，几乎连自己都无法养活。看着嗷嗷待哺的孩子，小曼不由得心急如焚。虽然父母总是隔三差五地给小曼一些钱，但是作为已经结婚成家的人，小曼每次拿着父母的钱都会觉得烫手。为此，她对玉林越来越不满意。而玉林呢？因为始终郁郁不得志，他还养成了喝酒的坏习惯，待在家里不挣钱不说，还总是发酒疯，打老婆骂孩子。如此一段时间之后，小曼终于下决心离婚了。她万分后悔地对父母说："爸爸妈妈，我很后悔没有听你们的话，嫁给了这样一个扶不上墙的阿斗。"

因为被和玉林在一起的浪漫感觉遮蔽了双眼，小曼嫁给了玉林。然而，爱情也许只需要浪漫，但是婚姻却更加现实。要想拥有幸福的婚姻，除了要有浪漫的爱情之外，还要有脚踏实地的实干精神。支撑一个家需要付出很大的心力、精力、财力和物力。作为女人，在决定与一个男人共度一生的时候，既要注重浪漫，更要注重现实。

♥ 志同道合，让婚姻更长久

女人对婚姻都是经历了从憧憬到迷茫再到理智的思考过程，她们从不否认婚姻中爱情的伟大和纯真，但爱情绝不是婚姻的全部。两人相爱可以是单方面的，可以无偿付出，可以昏天黑地，有情饮水饱。但是，婚姻不同，它是两个人共同的事

第3章 鞋子合不合适，只有自己的脚最清楚

业，是两个人并肩作战的合作，是两个人用心经营的成果，是两个人一生无憾的牵手，是两个人志同道合的选择！

第一次与丈夫王民相遇，艳红正在读大三，而丈夫在读大二。这时，大三的艳红被老师安排到了王民所在的系里做辅导员，身为团支书的王民因此有了和艳红接触的机会，两条毫不相干的人生轨迹出现了交叉点。

艳红在做了辅导员之后，认识了王民，一次偶然的机会，两人东拉西扯地聊天起来，她发现刚开始他有点紧张，后来，两个人慢慢放松了下来，竟然谈了很长时间。他讲起了他周围的事情，也谈起了人生，她很惊喜地发现他是那么单纯正直，同时，也很诧异他很多观念竟然和自己如出一辙。这次交谈拉近了他们心灵的距离，他们的接触逐渐增多了。他们都意外地发现对方竟然和自己如此志同道合：同样喜欢古诗词，同样喜欢书法音乐，同样喜欢文学写作……就这样，浪漫的爱情开始了。

恋爱后，他们常常结伴出游，旅行时的心情要比眼中的美景更印象深刻。一次，他们坐船回来。深夜里，只听得到水流的声音，这时的船仿佛一个大摇篮，摇得很多人跌入了梦想。而王民和艳红却很清醒，他们悄悄来到了甲板上，披着床单席地而坐，四周一片漆黑，所能看到的就是夜空中闪烁的星星，志同道合的他们就着星空聊起古诗、对起诗词来了，仿佛世界上只剩下了他们两个人……

一晃几年过去了，结婚便成了顺理成章的事情。有人说，

婚姻是爱情的坟墓,但是,他们俩却用事实证明了志同道合的爱情在婚姻中的历久弥新。他们常常会有心有灵犀的感觉。一天,艳红半夜醒来,一时不能入睡,就想起了白天看到的一款手机,觉得真的很漂亮,想着想着,脱口而出了一句:"那款手机可真漂亮啊!"她本以为丈夫已经睡着了,可是,没想到王民也笑着说:"我也在想那款手机呢,没想到你和我一样!"还有一次,丈夫在外地出差,思念他的艳红给他发了一条短信,没想到同时丈夫的短信也来了,原来竟能隔着空间产生心灵感应。

如果这样继续下去,那么他们的幸福也和其他家庭的幸福雷同了,可是,他们是一对有着共同梦想的夫妻,为了心中共同的愿望,他们相互影响,相互支持。王民从小就有一个律师梦,这种愿望随着年龄的增长反而愈加强烈,所以,大专文凭的他在结婚后,报考了法律专业自学考试,因为只有考上了本科,才有资格参加全国司法考试。和丈夫志同道合的艳红也和丈夫一起并肩作战,参加法律专业自学考试。刚开始参加自学考试时,他们碰了一鼻子灰,丈夫一门也没通过,而艳红也只通过了一门,他们很沮丧,甚至想放弃了。在看到一位朋友报考了5门竟然有4门都通过时,夫妻俩的倔强劲儿就上来了:"我们为什么就不可以通过呢?我们一定也行!"于是,他们又互相鼓劲向梦想冲刺。

为了找资料,他们常常要逛很多的书店,为了准备考试,他们常常在深夜埋头苦读,困了就拿冷水洗脸。夫妻俩一人一

第3章 鞋子合不合适，只有自己的脚最清楚

个房间，互不干扰，却也相互勉励。谁能相信已经安定的婚后生活可以过得这样辛苦呢？因为有爱，因为志同道合，他们能一起努力，心反而贴得更近了。终于，他们都顺利通过了法律专业自学考试。自学考试虽然通过了，可一年一度的司法考试还在等着他们。夫妻俩一鼓作气又开始了看书、查资料的学习生涯。经过一个又一个苦读的夜晚之后，丈夫终于通过了司法考试，而艳红最终也成为了一名执法人员。

因志同道合而结合的王民和艳红感情基础更加牢固，双方的世界观、人生观、价值取向、爱情婚姻观相同，甚至在性格上也有相似或相近之处，能做到优点共勉、缺点相容或包容，有类似的人生经历，也有共同的奋斗目标和追求，所以他们的感情牢固坚贞。

和丈夫志同道合的女人婚后感情能更加深厚，因为两人能用心经营、求同存异，一切为了爱，为了共同的责任和义务而努力，奉行"事业支持家庭,爱情保障婚姻,爱心永葆幸福"的婚姻理念，事业上互相支持、互相鼓励，生活上互相关心、互相体贴，情感上互相理解、互相满足。从而成为事业上的好战友，生活上的好伴侣，情感上的好榜样，婚后的感情自然是坚不可摧！

第4章

当爱情成长为婚姻，女人也要在婚姻中成长

德莱塞说："生命不是要超越别人，而是要超越自己。"幸福的婚姻并不是所有人都能得到的，能真正得到的，是那些懂得提升自我的人。女人若想在婚姻中活得有底气，那就要不断成长，让自己越来越好，越来越优秀。

婚姻是爱情的升华和沉淀

"于茫茫人海中遇见你，没有早一步，也没有晚一步。"这是张爱玲所诠释的最美好的爱情，相遇是一种上天注定的缘分，但从童话般的爱情走向婚姻，从一个天真无邪的女孩成为一个女人，这个过程才是对爱情真正的考验。在电影《半生缘》里有这样一个镜头：几年之后，曼桢和世钧见面了，那时候双方都已经有了各自的孩子。当世钧知道这中间发生的一切之后，说："让我想想，我该做点什么。"但曼桢只是说："我们都回不去了。"这一刻是最悲凉的，他们的爱情最终没能逃出世俗的圈套，爱情在走向婚姻的路途中就不幸夭折了。当世钧走后，曼桢说了一句话："如果我跟世钧真的结了婚，生几个孩子，那一定是另一个故事了。"耐人寻味的话语，让人不得不佩服张爱玲对爱情、婚姻的深刻认识。

爱情是神圣的，婚姻是现实的，结婚不仅仅是空间距离的缩短，更是精神距离的缩短。人们总是向往爱情却抱怨婚姻，其实，爱情和婚姻本质上都是一回事，爱情所需要的是心灵相融，两情相悦，而婚姻则包含了更多的责任与义务。如果说爱情是快乐的，那婚姻则是幸福的，从爱情走向婚姻，在这个过程中，其实也是女孩成长到女人的开始。这样的一个转变，并不仅仅是年龄、生理的变化，而是心灵的变化。结了婚的女人，她们不再贪玩，她们懂得婚姻的责任与义务，虽然她们依然在学习的过程中，但她真正成了成熟的女人，成了善解人意的妻子。

阿英是一位典型的贪玩女孩，泡夜店、通宵玩游戏、在上班时间睡大觉。因为上班时睡觉，曾被主管呵斥："怎么生得跟猪一样，能吃能睡。"听到这样的语言，阿英虽然觉得很不舒服，但她还是我行我素。

即便是在遇到爱情的那一刻，她依然是这样子的。和男朋友阿平相恋的时候，两人一起玩网游、打牌，混迹于城市的各个酒吧。当然，与任何一个陷入爱情的女孩子一样，阿英总会花一些时间来为男朋友做饭、洗衣服，偶尔也会贴心地打个电话问吃饭没有。

就这样过了两三年，两人觉得应该结婚了。于是，两人欢欢喜喜地跑去民政局，领了结婚证，在拿到那张证书的时候，阿英突然觉得鼻子很酸，好想哭。结婚之后，阿英才明白那时候的感受，那将表示自己再也不是那个贪玩的阿英了。不久，两人就有了孩子，重新回到公司上班，阿英发现自己没有心思玩了，也没有精力睡觉了，她所想的就是如何让自己的日子过好，让老公放心，还有就是为了可爱的儿子，她甚至愿意将自己变成一个贤妻良母。

她真的开始变化了，对工作负责任，每天按时回家。对于这样突如其来的变化，身边的朋友都不适应："阿英，你是怎么了？结婚了就好像变了一个人？难道第二次爱情来了吗？"

阿英笑着回答说："爱情与婚姻本就是一体的，爱情的力量让我们走向了婚姻，因为爱情，婚姻才可以幸福美满，也可以说，我们现在已经没有爱情了，因为在婚姻里，爱情已经升华了。"

从爱情走向婚姻，我们只想到了这样一句话："婚姻是爱情的坟墓。"婚姻就好像是一座围城，城里的人想出去，城外的人想进来。因为这样的话流行太久，以至于那些正在品尝爱情甜蜜的年轻男女也会一脸沧桑地感叹：婚姻是围城。当然，婚姻并不是一座围城，更不是爱情的坟墓，而是爱情的一种升华和沉淀。

如果说爱情是过程，那婚姻就是爱情的驿站，再美好的爱情都需要婚姻这个驿站来停靠休息。鸟儿飞得再远也要归巢，船只驶得再远也要归航，爱情的最终归宿就是婚姻，从爱情走到婚姻，这是必然的结果。一个人不可能永远只在爱情这个过程中里徘徊，即便爱情再美，你也会累，因此，婚姻就成为了女人受累时的驿站。

如果说在恋爱时你还懵懵懂懂，那在婚姻中你可以学到更多的东西。爱情和婚姻是一体的，但两者还是有一些不同。爱情只有两个人，彼此嬉戏玩乐；但婚姻是一个家庭，虽然还是两个人，但你们所面对的事情不再像恋爱时那么简单，有平淡的生活、有争执、有琐碎的事情，这些都成为了考验你们婚姻的因素。只有你们战胜所有，你会发现，之前美好的爱情已经升华了，它更多地成为责任、包容以及爱。

婚姻是相互的爱和情

女人，不仅仅要学会自爱，也要学会爱人。有的女人自爱到了极致，以自我为中心，忘记了身边的人的存在，不为对方考虑，所以，她们难以获得来自生活的幸福。人与人之间是相互的，感情亦是如此。如果你能真心地为对方考虑，凡事都不需要他去操心，那么他也会回报你温馨的爱，多为你考虑，尽心尽责地照顾你。有的女人面对自己千疮百孔的感情，叫嚣着："他一点都不理解我""他从来没有顾及我的感受""我已经受够了，他只在乎他自己"……当感情已经破裂，你是否也应该反思自己的行为，在感情的城堡里，你是不是没有真正地理解过他，你是不是也从来没有考虑过他的感受，你是不是也自私地只想到自己，从来没有真正地在乎过他，没有为他考虑过什么。每个人的心里都有触手可及的柔软地方，那里就是爱的温床，只要你多为对方着想，触碰到了那个地方，你也一样会得到相应的回报。所以，作为一个女人，应该多为对方考虑，努力经营好自己的感情生活。

男性虽然表面上看起来比较刚强，但内心却渴望柔情似水的女人，这样的女人会为他打点一切，让他的生活变得井井有条，全然没有后顾之忧。他则会一心扑在事业上，家里有女人照顾，他就会安心地工作，用心来照顾整个家。有的人认为男人成功了就会变坏，不再把那糟糠之妻放在眼里，而自己只能哭闹，央求着他回来。实际上，要留住一个人，不如拴住他的心，最有效的办法就是多为他考虑，让他明白你的体贴与关怀，让他明白你已经是他生活的一部分。

青红在刚大学毕业就嫁给了她现在的老公何冰，他们是大学同学，在大学相恋了三年，毕业之后如约进入了婚姻的殿堂。青红只是个普通的女孩子，长相普通、出身普通，但俊秀的何冰却拜倒在她的石榴裙下。很多人感到不解，好奇地问青红，青红笑得很腼腆："其实，很简单，在任何情况下，我都是把他放在第一或第二的位置，为他打点好一切，让他没有了后顾之忧。"

婚后的生活真的是这样，青红为了能让老公吃上热腾腾的饭菜，晚上无论多晚，她都会等着他回来一起吃。刚开始的时候，老公说你先吃吧不用等我，可青红还是执意要等他回来吃饭。时间长了，何冰知道她很固执，于是下班后推掉了许多应酬，早点回来陪她一起吃饭。平日里的生活，青红更是安排得有条不紊，家里的事情从来没有让他操心，婚后有了孩子，她每天带孩子，还要照顾他，从来没有抱怨过。何冰的事业开始慢慢步入了正轨，这时候，公司要派遣何冰去美国进修，面对这个大好的机会，青红毫不犹豫地支持他去，并且拍着自己的胸脯说："家里有我呢，不用担心。"在美国进修的何冰时时挂念着家里，等到回国的日子，他下了飞机就赶往了家里，发现家里没有人。打电话问父母，才知道一个多月前，爸爸得了重病，作为儿媳的青红毅然接下来照顾爸爸的重担，每天医院、家里来回跑，整整一个月都没有好好休息，现在爸爸的病好了,可青红却累坏了,正在医院打点滴。

何冰看着瘦了一圈的青红,心里满是愧疚:"爸爸生病了,怎么也不告诉我一声,我可以申请提前回来。"青红笑着说:"怕耽误你的工作,再说也不是什么大事,你看爸爸现在不是好了吗。"何冰抱着躺在病床上的青红,心里充满了感激,还有满满的爱。

青红幸福的婚姻生活都来自她发自内心的爱,这让她无论在什么时候都把对方放在第一或第二的位置。凡事多为他想一点,让他时刻感受到你的体贴与关爱,他就会多爱你一点。爱,并不仅仅是说在嘴上,而是融入在实际行动中,爱他就为他多考虑一点。

女人的本性是温柔,这是女人所特有的标志,所以男人常常会被温柔的女人所俘获。而温柔的女人则恰恰是懂得以情动人的,她会把自己的柔情融入每一次关怀中,隐藏在每一个眼神里,而男人就醉倒在这样的柔情中。聪明而温柔的女人懂得凡事应该多为对方考虑,这是获取爱最好的方式,也是最有效的方式。当你在为对方有所考虑的时候,他也会以满怀深情的爱来回报你。两个人之间的感情是建立在互相理解的基础之上的,这样的理解就包括了为他考虑,为他着想。所以,当你还在抱怨男人不在乎自己的时候,不妨多为对方考虑,体贴细致入微,点点关爱,就会赢得一份真挚的感情。

♥ 与其仰望别人，不如让自己变得幸福

女人，不要去羡慕别人所拥有的幸福，你以为你没有的，可能正在来的路上；你以为她拥有的，可能正在去的途中。喜欢比较的女人们常常看到的风景是：一个人总是仰望和羡慕别人的幸福，一回头，却发现自己正被仰望和羡慕着。其实，每个人都是幸福的，只是，你的幸福，常常是在别人的眼里。幸福这座山，原本就没有顶、没有头，我们不要站在旁边羡慕他人的幸福，其实幸福一直在你身边。只要我们还有生命，还有可以创造奇迹的双手，我们就没有理由成为旁观者，更没有理由去抱怨生活和身边的男人。在生活中，特别是女人，她们总是不由自主地去羡慕别人所拥有的东西，羡慕别人的工作、羡慕朋友买的新房子、羡慕别人的车子等，唯独忽视了一点，我们自己也是别人所羡慕的对象。可谓风景在别处，说的就是这个道理。

有这样一则有趣的寓言："猪说假如让我再活一次，我要做一头牛，工作虽然累点，但名声好，让人爱怜；牛说假如让我再活一次，我要做一头猪，吃罢睡，睡罢吃，不出力，不流汗，活得赛神仙；鹰说假如让我再活一次，我要做一只鸡，渴有水，饿有米，住有房，还受人保护；鸡说假如让我再活一次，我要做一只鹰，可以翱翔天空，云游四海，任意捕兔杀鸡。"其实，这样的现象不仅是动物，人，尤其是女人也往往喜欢拿自己的生活与别人做比较，结果是"人比人，气死

人"。比较之后，发现自己什么都不如别人，自然免不了生出许多抱怨，她们开始抱怨男人没能力，开始抱怨生活，最终，那些细碎的语言就如同导火线一样，点燃了夫妻之间的战火。

在老公的眼里，小文什么都好，就是喜欢比较，比较之后就开始抱怨，然后两人就开始吵架。在小文看来，什么都是别人家里的好。她经常在老公面前说："你看别人的老公多体贴，下着这么大的雨，他硬是从城东坐车到城西，接老婆下班回家，你呢，你什么时候去接过我啊？嫁给你真是受委屈了，你说那样的好男人，我怎么没早点遇到呢？""你看邻居的房子，装修得多气派，全是欧式的风格，材料用的都是进口的，人家那口子，多挣钱，你呢，天天窝在一个发不起工资的单位，别提有多窝囊了"。以前，听到小文的抱怨，老公还会沉默，只是听她唠叨，但听得多了，老公也不服气了，怎么自己就比别人家差了？结果，两人又是一顿大吵。

这天，小文回到家，又是一脸的垂头丧气，她说："你看咱们公司同事的老公个个都升职加薪了，阿丽的老公还被派出国进修去了，瞧瞧你，没出息的样子，我当初怎么就选了你这样的男人啊。"坐在沙发上看电视的老公气不打一处来，扔下报纸，回答道："你除了会抱怨，还会别的吗？你说遇到我这样的人不幸，我看我遇到你这样的人才倒霉，每天在公司已经够累了，回家还听你论这家长，那家短的，别人的生活就是那么幸福吗？你亲眼所见吗？我是一个活生生的男人，不是你比较来比较去的什么东西。"说完，摔门而去，小文呆住了，半天没回过神来。

她一个人坐在客厅，仔细回忆自己的行为，难道自己真的像老公所说的那样，除了抱怨还是抱怨吗？难道羡慕别人的幸福也有错吗？猛然，她想起了同事对自己的夸赞："小文，我可真羡慕你，儿子聪明伶俐，老公帅气能干，哪像我，虽然老公连连升职加薪，但天天不见人影，这哪是人过的日子呀。"看看自己的家里，温馨整洁，到处都是老公的创意设计，家里的装修全是老公当初一个人设计的，当时自己还狠狠地夸奖了，怎么现在自己就变成这样子了呢？

你只顾羡慕别人的幸福生活，为什么不与自己相比较呢？看看自己是否越来越好了，是否离自己期望的目标越来越近了，经常给自己鼓励，同时鼓励身边的男人，你会发现，自己的生活也会越过越好。说不定你在羡慕别人幸福的同时，别人也正在羡慕你呢。

在这个世界上，并不存在十全十美的人，那些我们所羡慕的人同时也在承受着他们的不如意。正所谓家家有本难念的经，人虚荣的本性使他们把自己风光的一面展现给世人，但又有谁真正看到别人风光的背后呢？其实，每件事都有两面，就好像硬币一样，有正面就有负面。

别人的生活再幸福，那也是永远羡慕不来的。羡慕别人幸福的生活，那是因为我们期待完美，期望可以活得更好，但我们却忽视了一点，每个人的境遇不一样，别人的幸福是无法模仿的。与其仰望别人的幸福，不如鼓励身边的男人，学会经营自己的生活；与其羡慕别人的好运气，不如借鉴别人努力的过程。

♥ 唠叨是婚姻的绊脚石

在现实生活中，许多女人不会承认自己唠叨，她们觉得自己只是在提醒男人将要去做什么事情以及这件事情怎么去完成，比如做家务、吃药、修理马桶，整理卧室等，在女人看来，唠叨其实是关心的一种表现。然而，当女人不断地重复自己命令的时候，男人却只听到一个声音：唠叨。那些唠叨的女人会让男人失去耐心，唠叨就好像是漏水的龙头一样，把男人的耐心消耗殆尽，并且在他们的心里逐渐积累起一种厌恶。在对世界各国男人的调查中发现，他们最讨厌的事情就是唠叨。

当然，我们从来不怀疑女人唠叨的出发点是为了关心，也因为如此，唠叨总是会发生在关系比较亲密的人之间，比如妻子和丈夫、母亲和孩子。家庭里的妻子作为一个唠叨者，她们总是家务缠身，在生活中感觉到力量弱小，无法直接改变自己的处境，所以，她们向身边的男人开始唠叨。当女人发现男人还有一些事情没能完成的时候，她们的唠叨就开始了。但女人唠叨的行为却是令人厌恶的，那些常常在家里唠叨的女人是一些对自己的处境不满又无力改变现状的人，她明白在生活中还有其他更精彩的东西，但她不愿意承认自己在家里所扮演的弱小角色，她感到很迷茫，她甚至连自己该做什么都不知道。

小舞是一个喜欢唠叨的女人,老公形容她的嘴总是喋喋不休,除了睡觉的时候,她的嘴巴几乎都在说话。老公经常开玩笑说:"在你身上,可以说最大限度地发挥了嘴巴的作用。"当然,那时候还是新婚的时候,如果现在小舞开始唠叨,那老公肯定会摔门而去。

两人刚认识的时候,小舞就开始发挥出自己唠叨的特性了。对着男朋友的衣服,她总是说:"衣服要洗干净,收了之后要叠整齐,看你的衣服,就好像从垃圾桶里捡来的。"这时男朋友总会用手刮刮小舞的鼻子,笑着说:"以后我的衣服就交给你了。"对男朋友的生活习惯,她总是唠叨:"你都成年了,怎么还通宵玩游戏?这样对身体不好,而且会影响你第二天的工作。"这时男朋友就会马上答应说:"知道啦,知道啦,我的小唠叨婆。"那时候的唠叨夹杂着甜蜜的味道,但结婚后就变了。

婚后,两人的生活变得平淡了。但小舞的唠叨不仅没有缩减,反而变本加厉。从早上起床,她的嘴巴就开始工作了:"今天天气预报说好像有雷阵雨,记得带上雨伞,在抽屉里的,可别忘记了,还有啊,今天不要穿你那双皮鞋了,那鞋子勾水,把裤子弄脏了不好洗……"还没等她说完,老公已经不耐烦地拿着公事包出门了。

中午,小舞拨通老公的电话,继续唠叨:"中午吃的什么?你胃不好,不要吃油腻的,平时带着小王一起去参加饭局,让他给你挡酒,免得又喝得胃出血……"电话那边,正忙着看文件的老公直接挂断了电话。

晚上,老公半夜才回家,小舞还坐在沙发上,看见他回来了,唠叨说:"怎么这么晚才回来,我很担心你的,每天都是早出晚归,你一天到底在忙什么?"老公终于忍不住了:"你一天除了唠叨就是唠叨,能不能让我安静一会儿,我每天在外面工作已经够累了,回家还听你唠叨,你真是要我的命啊。"说完,气冲冲地摔门而去,留下一脸吃惊的小舞。

对于男人而言,最受不了女人吹毛求疵、无休无止地抱怨和唠叨了。结果,导致夫妻之间的关系已经到了这样的地步:他们唯一的交流就是女人斥责男人今天还没有做什么,这周还没有做什么,这个月还没有做什么,甚至指责男人从结婚以来还没有做什么。女人的唠叨,让男人失去了耐心,他们下了班不愿意回家,而是主动向老板要求加班,女人愿意相信吗?男人宁愿工作也不愿意回家,因为听女人无休止地抱怨是对自己最大的折磨。

女人觉得自己是家里唯一有理智的成年人,她们觉得男人就好像一个小孩子一样。女人唠叨的根源在于,当她们看到自己的另一半这个样子,就开始将他当成淘气的男孩,而非能干的男人。而对男人而言,你越当他是孩子,他就越表现得像个孩子。

如果你习惯了唠叨,男人还是不愿意听你的,那就不妨将语言化作行动。如果你想让男人养成回家之后就换鞋子的习惯,那就在他走到家门口的时候,无论你有多忙,都亲自将拖鞋递上去，这样一次两次之后，男人自然会养成这样的良好习惯。

❤ 智慧女人是男人的灯塔

卡耐基夫人曾说："每个女人的身体里都蕴藏着巨大的财富，它能让我们的生命焕发光彩，而我们唯一需要做的，只是激发自己正视以及使用这些财富的勇气。"你相信吗？好女人往往是引领丈夫走向成功的那个人。或许，女人本身并没有意识到自己有这样的能力，但事实确实是这样。在追求成功的路途中，男人很容易迷失方向，很容易因为一点打击而变得沮丧，甚至自暴自弃。当然，并不是他们缺乏能力，而是因为他们很容易放弃，很容易否定自己，在这个关键时刻，好妻子就可以引领着丈夫步入成功之门，从分岔的小路重返大路，从而赢得成功。对于男人而言，成功既是遥不可及的，同时也是容易获得的，只是在大多数时候，他们很容易迷失方向，与成功失之交臂。如果说男人是凭借着能力赢得成功，那女人就是推动着男人走向成功的助推器。

唐骏和孙春蓝结婚后没多久，唐骏就获得了美国微软公司所伸出的橄榄枝。这时唐骏很犹豫，到微软意味着要关掉自己的三家公司，躺在产床上的孙春蓝对唐骏说："我们不是已经意识到，自己的企业任它怎么快速发展，都很难赶超微软吗？微软的奥秘在哪里？要当老板，在美国100美元可以注册一家公司，难道你不想洞悉微软强大的秘密吗？"听了妻子的话，唐骏毅然卖掉公司，进入了微软。

进入微软公司的时候，唐骏只是一个普通的程序员，他抓住了机会，指出了多语言版本开发的一个问题，技术改进后，他成了开发部门的高级经理。后来，微软采用唐骏的方案，在英文版发布了三个星期以后，就推出了中文版，唐骏的努力为微软公司创造了数额巨大的效益。在微软八年之后，唐骏被任命为微软大中国区技术中心的总经理。

听到这个决定，孙春蓝整整考虑了一个月，写了一封信，叫丈夫到了上海之后再看。到了上海之后，他打开了妻子的信，在很大的信笺上，却只有两句短语："你对你的部下能像对女儿唐惟子那样吗？你的公司离好家庭还有多远？"

领悟到妻子话里的含义，唐骏明白了。他开始组织运动会、拓展训练、井冈山之行等。即便是在火车上，他也没忘记团队建设，上了火车，每位微软员工都在自己的软卧包厢内发现事先放好的，写着"Merry Christmas"（圣诞节快乐）的礼物袋，里面有饼干、草莓、杨梅等小食品及矿泉水、湿纸巾、毛巾，甚至牙具等。另外，他们还发现了装饰彩纸、彩笔等各种装饰用品。广播里传出了主持人——微软两位员工的声音，他们告诉大家现在每节车厢的乘客要用手里的东西装饰各自的车厢，然后以唐骏为首的微软中国高层主管们将一一巡视，并评出最有创意奖。

在妻子孙春蓝的启示和激励下，唐骏从一个平凡到连女朋友都没有的大学生走到了微软中国区技术中心总经理的位置。在前进的路上，我们不能否认唐骏所付出的努力以及其拥有的卓越能力，但所不能磨灭的依然是妻子引领方向的巨大作用，她一次次铸就唐骏的成功，使得他的人生更有目标，更有计划，最终赢得了自己的整个人生。

在看问题上，男人和女人是互补的，精明的女人经常会留意身边所发生的事情，用女性特有的思维进行分析、整理。这样一来，男人就有了一半成功的可能性，智慧的女人几乎拥有所有女人的共性，她们知道自己想些什么、需要些什么，可以说，好女人是男人的信息资料库。

许多男人胸怀大志，而且有一身本领，但就是毫无目标可言，他们总是迷茫地走着，不知道自己究竟该怎么走下去。在这个关键时刻，好妻子应该像灯塔一样为男人们指明方向，引着他们走向成功之门，最终采摘成功果实。

❤ 好的婚姻是互相欣赏

人们常说：相识易，相知难；相交易，相爱难！走向婚姻的这一路，经历了从相识到相知到相爱，刚开始，你会感觉爱情像是穿越心灵的旷野，如同阳光穿过水晶般耀眼夺目。渐渐地，当爱情回归理智，当婚姻走进现实，迎接你的将是生活中的各种滋味，此时，唯有慢慢欣赏、品味，才能保持婚姻的别致韵味。

欣赏之情，如同高山流水遇知音，丈夫便是你的伯牙；欣赏之情，如一架待人抚慰的琴，善于弹奏才能奏出"琴瑟和弦"的乐曲；欣赏之情，如同含苞欲放的花朵，必须在最适合自己生长的环境里才能优雅地绽放。同样，女人只有欣赏丈夫，才能最大限度地放松，从而展现出自己最完美的内在，并且不断地提高自己，完善自己，给丈夫以力量、快乐、幸福，直至永远！

如琳的丈夫虽然比她小，但是很欣赏她。就拿做饭来说，如果哪天回家来，饭没做熟，丈夫就说："没事，好饭不怕晚"；如果回家来，饭已放在饭桌上了，他就乐呵呵地问："亲爱的，今天怎么了，怎么这么积极？"反正无论怎么做，如琳都对。如琳常对母亲说："我知道幸福是什么了，欣赏就是最大的幸福。"丈夫给了我最多的欣赏，她被幸福紧紧围绕。同样，她也以丈夫为傲。虽然丈夫没有念过大学，但是在工作中处处留心，不懂就问，几年的工夫，就能独当一面了。而且心地很善良，人缘极好。虽然，丈夫也有缺点——干活不愿换工作服。如琳说了几次，丈夫还是改不掉，如琳也就不强求了，如琳心想：反正家有洗衣机，我多洗几次衣服就行了，何必非得改变他呢？再后来，哪天要见客户，丈夫就自觉地回家换衣服了。

如琳常说："婚姻中两个人只有互相欣赏，才能互相包容。基于欣赏的包容才是心甘情愿的，是不带一丝一毫勉强的。"她不愿用"忍让"二字，"忍"是心上插着一把刀，有不情不愿的成分在里面。

她和丈夫十年的婚姻之路走过来，也有过很多坎坷。刚结婚那会儿，他们也吵过架，多是因为婆媳关系。后来如琳想明白了，既然选择了丈夫，欣赏丈夫，就应该也欣赏丈夫的父母。这样想开了，如琳就静下心来，一门心思过好自己的日子。相处久了，互相摸清对方的脾气，婆媳关系也就融洽了。

婚姻是世界上最伟大最崇高的圣殿。女人要拥有一颗欣赏的心，才能领悟圣殿的伟岸，才能身处其中感受人间真爱。如琳正是在欣赏和包容中，才逐渐发现原来婚姻生活是如此的美好，如此，"执子之手，与子偕老"便不再是诗句，而是现实。

对每个女人来说，婚姻生活都是公平的，也许和自己朝夕相伴的丈夫不一定是最好最优秀的，但一定都是最合适的。欣赏就是婚姻的肥料，将此施于婚姻成长的土壤中，才能培育出欣欣向荣的幸福。

楚楠刚结婚时，由于不知道如何处理婚姻关系，导致她和丈夫的感情不融洽，连带着她的心情不是太好。于是楚楠找有经验的大姐求教，大姐告诉她："要想使婚姻和谐，多看对方的优点，少看人家的缺点，经常用欣赏的眼光去看待他和他的家人，你的心情就会是晴朗的。"于是楚楠按照她说的话做了。楚楠丈夫喜欢看她写的文章，他经常用赞美的语言对她说："只要你写的文章，我就是爱看。因为你写的都是真实的故事，绝对没有一点虚构……"丈夫说的话，让楚楠很开心，也深刻地感受到，丈夫是欣赏她的，于是她动情地对丈夫说："老公，我愿意为了你而写作。"

一天楚楠下夜班回来，发现丈夫正在包粽子，她便在一旁观看，直夸奖丈夫的粽子包得好看，看了就有食欲。听了这样赞美的话，丈夫更开心，包得更用心了。楚楠常跟大姐说："在欣赏中生活，真是很开心，很快乐。这是我们自从结婚以来，最融洽的时光。"大姐也感叹道："是啊，你如果一直这样多欣赏他的优点，少看他的缺点。多赞扬，少批评，即使他做得不对的地方，也要有策略地对他说话，尤其不要当别人的面斥责他。他既然和你走到一个屋檐下，就是一家人了，他好，你的脸上也有光啊。"

确实，婚姻本就是这样一种欣赏——用喜爱的心情来领会其中的意味！婚姻的至高境界正是欣赏对方，也被对方欣赏。女人只有学会用慧眼欣赏，用爱心包容，才能和丈夫在风雨路上相扶相携。欣赏丈夫，才能感觉到他像一棵枝繁叶茂的树，即使没有恋爱时的热情和朝气，即使曾经挺拔的躯干也有些微微弯曲，但却比以前更粗壮、结实了，可以让你放心地依靠。

婚姻的内涵和本质，不是激情四射的卿卿我我，不是甜蜜动听的缠绵誓言，而是会心一笑就能触摸到对方的心灵；婚姻的美丽和可贵，不是山盟海誓的誓言，不是天荒地老的承诺，而是相互的欣赏和理解中蕴含的无私珍爱！

第5章

学会适当地妥协和让步，婚姻才能长久而幸福

恒久的婚姻需要夫妻相互让步，让步的前提是不触碰原则和底线。毕竟好的感情是培养出来的，好的婚姻是磨合出来的，夫妻之间要学会适当地妥协和让步，这样才会让婚姻更长久、更幸福。

好的婚姻，要学会让步

两个人因为相爱而决定共度一生，于是走入了婚姻的殿堂，这也就意味着婚姻是两个人的责任。正如古人所说的："执子之手，与子偕老"。还有人说："婚姻是唯一没有领导者的联盟，不过，双方都认为他们自己是领导。"假如两个人都争着抢着当领导，想让对方服从自己的指挥，那么结果可想而知。他们必然整日为了谁是领导而争论不休，甚至在一些事情上产生摩擦和争执。其实，婚姻是没有领导者的，因为婚姻的成员都要对婚姻负责，共同去经营婚姻。从某种意义上来说，婚姻是两个人的责任和义务，必须两个人一起用心呵护、用爱经营，只有这样，才能酿出甜蜜。当然，两个原本陌生的男人和女人因为爱走到一起，这并不意味着他们彼此没有棱角。要知道，每个人都有自己独特的个性，从两种截然不同的生活中走出来的两个人必然会有着很大的不同。在婚姻生活中，他们需要做出妥协和让步，这样才能更好地相处，共同组建幸福美好的家。

在婚姻生活中，有一种感动叫相濡以沫，有一种感动叫相亲相爱，还有一种感动叫理解与包容。只有理解和包容对方，我们才能心甘情愿地做出妥协和让步。有人用在大海中航行的一叶扁舟来形容婚姻，这未免显得有些惊险，但是却有一定的道理。生活有的时候风平浪静、一帆风顺，有的时候却电闪雷鸣、惊涛骇浪，还有的时候会有暴风雨来袭，此外，还要面对那些隐藏在汹涌波涛下的暗礁。只有学会让步和妥协，学会为了家庭的共同利益和美好未来而努力，夫妻才能一起划着这一叶扁舟到达幸福的彼岸。

　　李楠和雅娟都是独生子女，结婚之前还好，他们每年春节都是各回各家，各找各妈。但是结婚之后，两个人再分开过年就显得不是那么回事了，因此，回谁家过年这个问题日益凸显出来。为了"回谁家过年"，他们几乎每年只要一进了腊月就开始吵架，每个人都想回自己家过年。就因为这点儿事，原本应该开开心心的大年总是在郁郁寡欢中度过。尽管妈妈多次说过让雅娟陪着李楠一起回婆婆家过年，因为毕竟中国是一个传统的国家，似乎儿子回家过年是天经地义的，但是雅娟却总是转不过这个弯来，男女平等，为什么非要回婆婆家过年？自己的爸妈也是含辛茹苦把自己养大的，难道生了女儿就注定要两个老人孤独地过年吗？后来，有一年，他们居然因为这个问题吵得要离婚，结果，过年哪里也没回，他们俩只顾着怄气了。李楠的父母知道这件事情之后，也狠狠地批评了李楠。毕竟，雅娟是独生女，老人也是很盼望着女儿女婿回家过年的。这个问题在李楠退让之后终于得到了彻底的解决，李楠对雅娟说："我想了想，咱们每年都为回谁家过年争吵简直是太不值得了。这样吧，反正我爸妈是农民，春节的时候地里也没有什么活儿。以后过年，我就让我爸妈提前来咱们这里与咱们聚一聚,然后咱们在临近春节放假的时候就去你家过年。至于我父母呢,他们可以等到咱们回来与咱们一起再住一段时间回去,这样也不耽误地里的活儿。"看着李楠真诚的样子,雅娟非常感动,她犹豫地问:"那你父母不会生气吗?他们来找咱们过年,咱们却回去陪我爸妈!"李楠毫不迟疑地说:"他们不会生气的,这也是我爸妈的意思。这样,两头都不耽误。关键是,你爸妈还在上班,走不开,而我父母时间则比较灵活。这样咱们就能够两头兼顾了。"雅娟心里的一块石头落了地,她高兴地说:"那就太好了!等你爸妈要来的时候,咱们给他们买软卧吧,或者买飞机票,不要让他们太受委屈了。"

因为李楠的妥协,雅娟也主动做出了让步,主动提出给公婆提供更好的条件。至此,他们多次争吵的问题终于被彻底解决了,有了一个皆大欢喜的结局。其实,在婚姻中就应该采取这种态度,只要一方主动让步了,另一方也必然会妥协。这样一来,原本针尖对麦芒的争吵就会变成皆大欢喜的局面。

懂得低头,是婚姻里的大智慧

有人说,婚姻就像一场战争,既然是战争,就一定有输赢。赢了的人赢得了一生的幸福,输了的人不得不选择重新开始。其实,输赢是没有绝对标准的,假如以幸福来定义,那么每个人对于幸福的感受和标准也是完全不同的。在婚姻生活中,每个人都有自己的追求,有的人希望得到爱人全心全意的付出，有的人希望得到物质方面的享受，有的人则只在乎名分。不管是哪种人，都应该聪明一些，学会与爱人的相处之道，这样才能够如愿以偿地拥有幸福的婚姻。其实，婚姻中的"认输"有两层含义，一个是婚姻失败，另一个是向爱人低头示弱。第一种情况下，如果爱已经不存在了，那么放手无疑是最好的选择，因为一味地纠缠除了会使别人感到痛苦之外，更多的是使自己深陷其中无法自拔。第二种意思是向爱人低头示弱，这是聪明女人才会懂的夫妻相处之道。很多女人咄咄逼人，即使是在和爱人相处的时候，也不愿意退让半分。试想，谁愿意整天与一个浑身充满火药味的女人同床共枕呢？所以，对于女人而言，强势未必能够得到幸福，反而是会"认输"的女人更容易以退为进，如愿以偿。不管是以上哪种情况，女人们都不应该以卵击石，而应该采取灵活的策略，或者选择果断放手，或者选择用示弱的方式来赢得男人的心。

　　那丽深爱自己的老公，并且付出了自己所有的时间和精力经营自己的婚姻，但是，正当她沉浸在幸福之中时，一个晴天霹雳却不期而至。老公在大学同学聚会上与前女友取得了联系，并且他们旧情复燃、藕断丝连。刚刚得知这个消息的时候，那丽简直痛不欲生，每当想起心爱的老公居然投入了别的女人的怀抱，她甚至有一种不顾一切的冲动。在此期间，那个前女友更是巧妙设局，故意让那丽找到了很多蛛丝马迹。曾经乐观开朗的那丽逐渐变得尖酸刻薄、歇斯底里，甚至不止一次地想到自杀。尽管她一心一意地想要挽救这段婚姻，但是老公却鬼迷心窍，表面上应允那丽与前女友断绝关系，暗地里却仍然暗度陈仓。痛定思痛，在接二连三地发现老公出轨的事实之后，那丽最终选择了放弃。她就像凤凰涅槃一般浴火重生。在决定离婚的那一刻，那丽觉得无比轻松，似乎以前的所有痛苦和纠缠都随风而去了。她说，出轨的人就像吸毒一样，有了第一次就有第二次。所以，她勇于决断，让自己彻底与猜疑和痛苦的生活断绝了关系。果然，那丽恢复了自信，重新开始了自己的人生。在这段婚姻中，她"认输"了，但是她却赢得了自己下半生的幸福！

小敏是单位里人人羡慕的人，因为她有一个好老公。她的老公不仅人长得帅，而且事业有成。每当好友们问："别人的老公有钱了就不在乎自己的老婆，你是如何拴住男人的心的呢？"小敏就会笑呵呵地说："我是一个弱女子，所以我老公才会时时处处地保护我。"其实，小敏的驭夫之术就是"认输"。和老公在一起时，因为事业有成，老公难免会把自己在外面发号施令的习惯带到家里来，每当这个时候，小敏从来不与老公争执，而是处处认为老公是正确的、英明的。不过，私下里，她却采取一种缓和的方式改变老公的想法，使老公能够心甘情愿地按照她的心意去处理事情。这样一来，小敏既维护了老公的面子，使老公的男子汉心理得到了满足，又实现了自己的愿望，最终如愿以偿。

在第一个事例中，那丽的做法无疑是明智的。当一段婚姻名存实亡的时候，与其纠缠，不如果断放手。因为爱情是需要双方的付出和努力的，婚姻不需要单相思。虽然她在这段苦心经营的婚姻中"认输"了，但是她却为自己赢得了未来的幸福，使自己从痛苦与纠结的深渊中解脱了出来。在第二个事例中，小敏无疑不是一个强势的女人，但是却不声不响地得到了很多女人求之不得的幸福，原因就在于她懂得"认输"，从而维护了老公的尊严，使老公在不知不觉间按照她的心意去处理事情。显然，小敏是一个非常聪明的女人。

女人用柔情唤醒男人的爱

如今，女人的社会地位提高了，她们也像男人一样走入了社会，走进了职场，撑起了家庭的半边天。在如此平等的地位下，女人和男人在交往的时候完全不必像古代社会那样卑躬屈膝，而是可以平起平坐。虽然这大大提升了女人的自信，不过也同时带来了一个问题，即很多女人变得越来越强悍，不管在什么问题上，似乎是为了充分使用自己的权利，她们总是和男人据理力争，似乎夫妻之间是你死我活的关系一样，而忘记了自己最强大的武器——示弱。和那些与男人硬碰硬的女人比起来，聪明女人显然棋高一招，她们能够适时适当地示弱，从而博得男人的疼爱。和那些与男人唇枪舌剑的女人比起来，她们这简直就是温柔的一刀，不费吹灰之力就使男人缴械投降了。现代社会讲究和谐，这种示弱的方式是值得大力提倡的。其实，生活中哪来那么多原则性问题呢？夫妻之间之所以争吵，大多数时候都是因为一些不值一提的小事。作为女人，只要学会主动示弱，就能够使男人缴械投降，何乐而不为呢？

俄罗斯著名的心理学家凯琳娜·穆尔塔扎洛娃曾经说过，在生活中，女人对男人有着很多误解，例如，女人总是认为男人就应该主动追求女人，男人就是喜欢被女人呼来喝去，男人就是喜欢口无遮拦和直率的女人等。其实恰恰相反，很多原本蜜里调油的小夫妻之间的关系婚后却逐渐变了味儿。因为一点芝麻大的小事，他们就会吵得不可开交，最令女人伤心的是，丈夫已经不再对自己百般疼爱了。婚恋专家说，其实，不管是哪种性格的女人，也不管一个女人在事业上取得了多大的成功，一旦回归到家庭生活之中，就要学会适时示弱，这样才能感动丈夫，消除彼此之间的隔阂。这个时候，讲理是没有丝毫用处的，只有以情动人，才能使丈夫的心渐渐变得柔软起来。

郝梦是一个美女博士，虽然她有高学历、高收入，还有美貌，但是她当年的相亲标准并不高。为了想要一份安稳的生活，郝梦选择了为人诚恳，有事业心、上进心的张培。张培是公务员，虽然薪水不高，但是工作很稳定，朝九晚五。但是，随着时间的流逝，郝梦渐渐地改变了观点，看着很多不如自己的同龄人都住进了别墅、开起了豪车，郝梦心里越来越不平衡。她整天故意没事找事，动不动就责骂张培没有出息、没有本事。最终，张培提出了离婚。现在，郝梦恢复了自由身，但是却没有找到自己梦想中的完美男人。倒是张培十分务实，他

第5章 学会适当地妥协和让步，婚姻才能长久而幸福

又娶了一位温柔可爱的老婆，过着简单而又幸福的生活。看着身边出双入对的朋友们，郝梦非常后悔自己当初没有珍惜幸福的婚姻，但是她却不知道自己错在哪里了。

白月香已经是一个5岁孩子的母亲了，看着活泼可爱的女儿，她觉得无比幸福。而且，因为幸福生活的滋养，她现在比从前更多了一番娇美的风韵。提起婚姻，白月香抑制不住自己内心深处的幸福感。她说，其实她的婚姻生活也曾经出现过问题，只不过，因为她比较"傻"，因此才最终获得了幸福。原来，刚结婚的时候，因为新婚夫妇如胶似漆，所以独自抚育丈夫长大成人的婆婆很不满意。因此，只要丈夫不在家的时候，婆婆就会颐指气使地对待白月香，并且百般刁难她。对于这一切，白月香知道是婆婆觉得儿子被其他女人夺走了的心理在作怪，因此，她总是处处顺着婆婆，从来不和婆婆对着干。她白天笑脸对着婆婆，像个陀螺一样忙着做家务，晚上却躲在丈夫的怀里偷偷哭泣。摸着她粗糙的手，丈夫非常心疼，因此加倍地对她好。经过一段时间的相处之后，看着成天笑呵呵的白月香，婆婆也没了脾气，只好把白月香当成女儿来疼爱。在丈夫面前，白月香也从来不说婆婆的不好，而是经常提醒丈夫多和婆婆聊聊天，多陪陪婆婆。就这样，白月香终于赢得了婆婆的心，赢得了一个幸福和美的家。

不可否认，女人至今仍然属于弱势群体，不管从哪个方面来说，她们都不足以和强大的男性群体对抗。所以，聪明的女人从来不会以卵击石，而是四两拨千斤，用自己的柔情唤醒男

人的疼爱。

❤ 相濡以沫是婚姻最大的幸福

当花前月下的恋爱让位给柴米油盐的婚姻；当浪漫火热的情话让位给一日三餐的生活；当相思成灾的甜蜜让位给每日相守的平淡时，我们需要担待，才能为爱保鲜。女人的婚姻本就是一次漫长的旅途，如果没有了这样一种宽容、包容、谅解的担待，这旅程便不再鸟语花香、充满朝气。

有甜有苦、有笑有泪便是婚姻的滋味。如果日子过于平静，婚姻则潜藏着危机；如果日子过于吵闹，婚姻则会走向死角。女人如何经营一份平和的婚姻生活，那要看两个人的性格兴趣、磨合理解，尤其是担当的程度。如果能求同存异，相互谦让，那必是一种甜美的幸福婚姻，能让人心情轻松，努力创业，享受快乐；反之，那则是一种婚姻的苦果，会令女人痛苦不已，会成为心理负担，萎靡不振。

在婚姻中，女人学会多些担待、多点付出、多点温柔、多点体贴、多些浪漫，这就如同在婚姻的围墙边种上五彩缤纷的花朵，让人的心情分外愉悦。婚姻中要担待地方非常多，我们要担待对方因见解不同时的出言不逊；我们要担待对方在职场竞争中失败后的心烦气躁，甚至一时的灰心丧气；我们要担待柴米油盐、一日三餐中的琐碎、重复、乏味……最难担待的或许还有这样或那样的原因而造成的情感危机，虽然有危机、困难,但若我们都有一颗包容担当的心,相信危机终会过去,日子依旧精彩!

敏和华是一对夫妻,平时都忙于工作和家务,爱在他们之间变得很平淡。华想,婚前的老婆敏是那么爱他,于是,为了唤起老婆对他的爱,重新点燃她的激情,他想再次浪漫一下,他约老婆到一个餐馆吃饭。快下班时单位开了一个会,等他冒着滂沱大雨赶到时,已经迟到了半个小时,敏很不高兴地说:"你怎么这么晚来呀,我都没有心情和你吃饭了,以后不要再这样迟到了。"华的心瞬间一动,随之崩溃冷却。

洁和君同样是一对夫妻,君也为了制造两人相处的机会而约老婆洁吃饭,因公事繁忙,君也迟到了,但当君冒雨赶到时,老婆洁说:"你忙坏了吧?"边说边为他拭去脸上的雨水。君的心也是瞬间一动,却满是温馨甜蜜。

我们常说,婚姻是一个空盒子,你必须往里面放东西,才能取回你所要的东西;你放得多,得到的也就多。洁和君的婚姻就是如此,放入担当,婚姻自然甜蜜,感情自然温馨。女人在婚姻中不要企图保持炽热激情,让爱情自然地发展,要知道,激情和热爱会随时间而消失。彼此的宽容、忍让、担当、不计较才是共同快乐生活的诀窍。

莉莉和丈夫结婚十年了,莉莉常对丈夫说:"亲爱的老公,我希望你改变自己做的、说的某些事,即使你不改,我还是一样爱你,因为我爱的是你这个人,而不是你做的事。即使有时候我真的不喜欢你做的事,但我还是一样爱你。"丈夫听后也会感动地说:"我很高兴你喜欢我这个人,否则我们的婚姻就毫无意义了。亲爱的,我不喜欢觉得自己好像为了你而活,我只想做我自己。如果你喜欢我这个人,我就可以也愿意改变我自己,使我们之间变得更美好。"

确实,只有无条件的爱才是真爱,只有担当才能让彼此在婚姻中仍保持本真。女人在婚姻中不要为了公平而争吵,也不要为试图改变对方而争吵,如果你要争吵的话,那你和丈夫之间必须为争吵后会出现的结果做好准备,要知道,吵架只有一方会赢。遇事学会扪心自问:这件事情真的值得我们争吵吗?得出的结论和被伤害的感情孰重孰轻?若能将结果考虑到百分之九十的话,争吵则可以避免。如果不可避免,则要尽量多担当一些,或者尽量缩短争吵时间,争吵的内容也要中肯,就事论事,千万不要涉及其他事情,翻从前的旧账。

彼此的宽容和忍让是婚姻中的必需品,如果太多地计较得失,则等于亲手扼杀自己的幸福。世界上的每一段感情、每一个家庭、每一份幸福都是值得珍惜的,"相濡以沫""白头到老"的婚姻更是离不开担当的锻造!

❤ 在婚姻的爱里接纳不公平

社会观念刚刚开放的时候,女人们都在为争取自己地位的提高而努力。因此,如今的女性终于有机会走入社会,像男人一样工作,和男人平起平坐。甚至,女人的地位在某些时候比男人还高，不过，总的趋势还是平等了，现代社会终于在真正意义上实现了男女平等。然而，这种平等仅限于生活和工作。在婚姻之中，男女之间的绝对公平是不存在的。

在现实生活中，很多恋人都不喜欢结婚，一是担心婚姻是爱情的坟墓，另外一个重要原因就是，原本和和睦睦的爱情，一旦涉及建立一个新的小家庭，你付出得多还是我付出得多的问题就会浮出水面。也许有人会说，相爱的两个人是不会计较这些的。确实，感情好的夫妻很少因为举办婚礼而争吵。但是在真正走入婚姻生活中之后，使他们之间口舌不断的琐碎问题还有很多。有些小夫妻，因为都很年轻，在父母身边的时候都是衣来伸手、饭来张口的主儿，所以，一旦步入婚姻，家务活儿谁来干就是个问题。相当一部分小夫妻因为谁做饭、谁刷碗的问题而三天两头地吵架，还有一些小夫妻因为谁洗衣服、谁拖地的问题而掰扯不清。在过来人眼中，这无疑是可笑的，但是对于现代的小夫妻来说，家务的问题是必须解决的问题。很多夫妻在多次争吵之后轮流值班做家务，然而，假如遇到加班等情况，难免会饿对方的肚子。其实，婚姻中没有绝对的公平，对于相爱的两个人而言，不管是谁做家务、谁挣钱，都是对这个家的贡献。夫妻之间如果分得那么清楚，自然是无法和谐相处的。

李大海和妻子周丽都是从事销售工作的，平日里非常忙碌。有了孩子以后，周丽的父母专程从老家赶来帮他们带孩子，夫妻俩这才得以继续工作。孩子5岁的时候，因为家中的奶奶需要照顾，周丽的父母不得不回老家了。如此一来，就面临着谁带孩子的问题。经过再三权衡之后，夫妻俩一致决定由周丽辞职带孩子，李大海则继续奋斗，为了家庭的美好而努力。夫妻俩进行了很好的分工，周丽的职责就是带孩子，操持家务；而李大海呢，则面临着更加沉重的生活负担，所以他必须加倍努力地工作，难免会工作时间长一些，回家晚一些。

在这种周到的考虑和安排之下，虽然周丽成为了全职家庭主妇，但是李大海始终认为周丽为这个家做出了更多的牺牲和付出。而周丽呢，看到李大海劳累的样子，也心疼不已，总是变着花样地给老公增加营养。他们俩之间非但没有过任何抱怨，反而都觉得对方为家庭做出了更多的牺牲。

假如天下所有的夫妻都能像李大海和周丽一样互相体谅、互相理解，那么这个世界上幸福的家庭就会更多一些。其实，从经济方面来讲，李大海的贡献无疑更大，因为他是整个家庭的经济支柱；但是从照顾家庭和孩子方面来讲，周丽的贡献显然也不小，因为假如没有她，家就会变得杂乱无章，孩子也没有人教育和管教了。正是因为他们俩之间默契地配合，彼此都认可对方的付出，他们的家庭生活才会如此的幸福、和谐。

❤ 真正的爱，从来不是控制对方

生活中，我们总是看着这样的现象：一些像跟班似的男生，背着女朋友的包包，鞍前马后，全然不顾男人形象。当然，走在他身边的女人肯定没有失去生活自理能力，只是习惯让男人按照自己的意愿做事，最终导致男人没有了尊严。而造成这一切的却是那些妄图掌控男人的极端膨胀的女人。在这些女人看来，自己掌控了男人就好像有了莫大的尊严，其实越是这样的男人就越是不可靠，他之所以还能忍受你的掌控欲，那是因为心里还有你。但若是这样长期下去，他肯定会在你"高高在上"的姿态下转身离去。女人，若是不想让自己的爱情遭遇风暴，就应该记得在一开始维护自己尊严的同时给男人同样的空间和尊重，这样男人才会更加爱你。

在家庭中，有些女人的形象就好像是一个全职保姆，而且是一个姿态蛮高的保姆，因为她总是会强迫男人按照自己的意愿去做事。比如，出门穿什么衣服，浴巾放在哪里，家里的每样东西都必须按照她所说的放在固定的地方，不然她就开始唠叨，甚至发脾气。电脑是开着还是关着，她也会管，而且在她说了之后就应该马上去做，否则她又会生气。在这样的严格控制下，男人就好像一只被关在笼子里的小鸟，毫无自由。人的内心深处总是住着一个叛逆的小孩，你叫他这样做，他偏偏做那样的事情。男人也是一样的，他们就好像飘在天空中的风筝，如果你把线拽得太紧，他只会拼命挣脱，最终线断了，他也自由了。

王云是一个掌控欲较强的女人，她身上的这个特点从结婚那天起老公就知道了。结婚的时候，婚礼的所有安排都是王云设计的，老公好心提出建议，却总是被一句话驳回："这个事情必须得这样,否则搞砸了婚礼,我跟你没完。"

婚后,王云的掌控欲越来越明显。她包揽了老公的一切事务,她先去商场以自己的眼光给老公买了很多衣服,将老公柜子里以前的衣服全部塞进垃圾箱里。然后小到牙刷,大到电脑的牌子,她都按照自己的想法购买。结果可苦了老公,本来他是一个衣着中规中矩的人,但王云所买的都是时尚花哨的衣服,穿着这些去公司,被同事们看了不少笑话。

最让老公受不了的就是,王云总是指使自己做这做那,比如老公回家说:"最近,公司人事部可能有变动。"王云就会"出谋划策":"你得想办法上升,这样才有出路,总是这样怎么行,这样明天我去给你领导送个红包怎么样?"老公暗暗叫苦,嘴上说着:"你还是别去了,省得最后把事情搞砸了。"结果王云还是去了,可想而知,本来老公有机会晋升的,让王云一闹腾,领导硬生生地将晋升的文件压了下来。

出了这样的事情,老公生气了,大吼:"你怎么总是这样?什么都想管着我,控制我,小到衣着打扮,大到公司的事情,你管得未免太宽了吧,你这样,我真的很累,好像每天我做的都不是我自己,而是你训练出来的傀儡一样……"

女人总是想让男人按照自己的意愿做事,其实这本身就是一种对男人的控制。而男人是一种强势的群体,他们通常会将自己的面子和自尊看得比生命都重要,因此不会任由别人侵犯。如果女人跨越了这个边界,只会惹来男人的怒气和厌恶,时间长了,有可能两人之间的感情也会出现问题。

很多人都放过风筝,而有技巧地掌控风筝线,不让风筝挣断,这才是最高明的。女人对男人,就好像放风筝一样,你要给男人充分的自由,用心体恤他的工作。这样男人的心才会安稳地留在你那里,而不会飞向别处。

许多女人聚在一起,所谈论的话题就是"如何控制男人,将男人玩弄于股掌之间",但她们都忽视了,男人并不是物件,他们也是有思想、梦想自由的人。女人一旦产生"控制男人"的想法,往往会使两人的关系起到相反的作用,因为男人讨厌被人控制,尤其是被最亲近的人控制,他们心中会对你产生极大的反感,而这将成为两人之间关系亮起红灯的导火线。

第6章

恒久的婚姻需要用心，经营比选择更重要

爱情是美好的，常常让人以为能把婚姻过得很美好，这往往是一种误解。好的婚姻都是经营出来的，很多婚姻出现危机，不是不爱了，而是彼此爱得不够，没能好好经营。正所谓"相爱容易相处难"，好的婚姻需要两个人共同努力经营。

婚姻是需要经营一辈子的事业

和天马行空、随心所欲的恋爱完全不同，要想获得婚姻的幸福，必须学会用心经营。对于婚姻，人们各有各的看法，各有各的感受和体悟。有人说婚姻是幸福的天堂，有人说婚姻是痛苦的地狱；有人无限憧憬婚姻，有人则只想享受恋爱的美好；有人说婚姻是爱情的坟墓，是无奈的围城。钱钟书的《围城》无疑为婚姻做了很好的注解：里面的人想出来，外面的人想进去。而所谓幸福的婚姻，就是在婚姻之中不想出来，非常享受婚姻。其实，要想把自己的婚姻经营得风生水起，是需要用心的。毕竟，婚姻不同于简单随性的恋爱，它牵涉的面很多。所以，人们经常说，没结婚的永远是孩子，结了婚的才能称为大人。换言之，婚姻能够使人成熟，使人以拥有独立家庭的形象出现在社会中。婚姻中有着很多的责任和义务，例如，女人要承担大部分的家务事，还要抚育子女、赡养老人；男人则作为家庭的主要经济支柱，在关键时刻能够为家人撑起一片晴空。当然，随着社会的发展，这种角色的定位并不是固定不变的，很多时候，也许男人和女人的角色会重新分配，甚至完全颠倒过来。其次，婚姻中两个原本陌生的男女因为相爱走到了一起，在一个锅里吃饭，在一张床上睡觉，在一个屋檐下生活，就像两块棱角分明的石头，他们之间难免会产生一些矛盾和摩擦，这就需要男人和女人调整自己的心态，适度地改变自己，以便更好地适应对方，从而组建一个幸福美满的家庭。

婚姻，从本质上来说是爱情的结晶和延续，是爱情最终的归宿，而不是所谓的坟墓和围城。然而，正如人们所担心的那样，婚姻并不能保证爱情永远美丽、新鲜，因为爱情是一朵娇艳的花，但是婚姻的琐碎却很容易使爱情之花渐渐枯萎。要想永久地给爱情保鲜，就要求我们要用心、用情、用真爱。在基于爱情的婚姻中，相爱的人会情不自禁地处处为对方着想，并且也努力地创造爱情继续生长的条件和环境，让爱情之花开得更加绚烂。当然，人们还要学会接受枯枝败叶，并且及时为爱情之花剪枝浇灌，给其阳光空气，这样才能使它继续吐绿开花。经营婚姻是一门很深的学问，也是一门很难掌握的艺术。没有哪个学校会教人们如何经营好婚姻和爱情，而只能依靠人们在婚姻生活中不断地用心领悟。曾经有一位名人说过，幸福的家庭都是相似的，不幸的家庭各有各的不幸。其实，幸福的家庭虽然是相似的，但是得到幸福的途径却是完全不同的。有的人用爱呵护，有的人用情浇灌，有的人用意维护，不管如何，他们都得到了幸福的婚姻。还需要注意的是，要想得到幸福的婚姻，夫妻双方必须一起努力，同甘共苦，相濡以沫。即使在共同生活的过程中有一些磕磕碰碰，也要站在对方的立场上设身处地地为对方着想，互相信任和理解，相互包容和扶持，这样才能一起携手建设美好的家园。

何琳嫁给了单亲家庭长大的连家珍。自从结婚之后，何琳就和婆婆之间展开了一场拉锯战。眼看着自己辛辛苦苦养大的儿子娶妻成家了，婆婆在高兴之余心里难免有点儿酸溜溜的，因此，每当看到儿子对何琳鞍前马后殷勤备至的时候，婆婆就会觉得如坐针毡。何琳呢？看到婆婆总是想让媳妇伺候自己的儿子，心里很不服气。现在时代不同了，为什么女人还要低三下四地伺候男人呢？因此，何琳也想给婆婆个下马威，总是故意当着婆婆的面指使老公干这干那。一段时间以后，她们之间的矛盾越来越深，连家珍夹在中间左右为难。终于有一次，因为一件不起眼的小事，何琳和婆婆之间爆发了战争。何琳一气之下回了娘家。而连家珍呢，看着妈妈要死要活的样子，也不敢擅自追随何琳而去，或者是把何琳接回家里来。何琳在娘家住了好几天，看到连家珍丝毫没有来接她回家的意思，不由得整天唉声叹气。这时，妈妈说："小琳啊，不是我说你，你看看你，都被我和你爸爸惯坏了，在家里就很任性，如今做了媳妇了，还是和以前一样。其实，你婆婆一个人辛辛苦苦地把儿子拉扯大不容易啊，你也要体谅她。即使你不体谅你婆婆，你也应该体谅小连夹在其中左右为难的处境。到了婆婆家，凡事要有点儿眼力见，尤其是当着你婆婆，不要动不动就让小连干这干那的。媳妇嘛，就要多承担一些家务。你这么和你婆婆闹下去，只怕得不偿失啊！"听了妈妈苦口婆心的劝解，何琳恍然大悟，原来自己这么做最为难的是连家珍。她赶紧收拾收拾回到了婆婆家。从此之后，在婆婆面前，她再也不指使连家珍了，夫妻俩有什么私人问题需要解决都是关起门来悄悄进行的。果然，婆婆对何琳的态度好了很多。毕竟，她是儿子的媳妇啊！

相爱是两个人的事情，婚姻却是两个家庭的事情，甚至还关系到每个人身后的那个庞大的亲友团。何琳在妈妈的劝解下恍然大悟，最终找到了婆婆的心结所在，所以才能够和婆婆和谐相处。看到何琳和自己的妈妈和谐相处，最高兴的人就是连家珍了。爱情是需要让步的，尤其是当面对婚姻的时候，不管出于什么原因，只要有爱，我们就应该学会宽容，学会体谅。婚姻是复杂的，要想拥有幸福的婚姻，不仅需要我们付出很多心血，还需要我们用心经营。

♥ 婚姻里需要适宜的温度

假如说恋爱是100℃的沸水，那么婚姻则是30℃的温水。也许有人不相信，因为爱情而诞生的婚姻为什么会与爱情有着如此大的温差呢？事实确实如此。在蜜月期，也许人们仍然能够维持比较高的感情温度，但是，等到蜜月期过了之后，回归到平实的生活中，婚姻就会回归到一种不温不火的状态之中。婚姻不仅仅只有30℃，而且是一杯30℃的温开水。这样的水经过了热恋的沸腾状态，渐渐地归于平淡，以最舒适的温度让相爱的人彼此依偎。当然，也有人会觉得这个温度和热恋的100℃反差太大，因此无法适应。其实，每个人可以根据自己的需要调节婚姻的温度，从而为自己找到最舒适的温度。

有的人习惯比较高的温度，有的人习惯比较低的温度，这完全是一种个人喜好，不过，必须与相爱的人协调一致。在相爱的男人和女人之间，假如男人习惯于30℃的夫妻关系，而妻子却始终想要维持100℃的高温，那么双方必然都会无法适应，因为男人对于女人而言太冷，女人对于男人而言又太热。只有找到一个平衡点，使温度被双方所接受，使温度让双方都觉得无比舒适，这段婚姻才能以最好的状态维持长久。这就像人们以前所说的，有人崇尚夫妻之间应该举案齐眉，相敬如宾，但是有的人却认为夫妻之间就应该打打闹闹，爱恨纠缠。这就是人们对于爱情截然不同的喜好。温度也是如此，找到双方都觉得舒适的温度是最重要的。

　　怀着对于未来生活的美好憧憬，琼斯和约翰结婚了。他们经历了6年的爱情长跑，无限憧憬婚后的幸福生活。但是婚后，琼斯却发现这并不是自己想要的生活。琼斯和约翰婚前的感情非常好，好得就像是一个人，琼斯原本以为婚姻能够使他们之间的感情升温，但是却惊讶地发现他们之间的感情在婚后急剧降温了。以前，约翰每天都接琼斯下班，如今的约翰却总是以工作忙为借口让琼斯自己回家；以前，约翰在和朋友一起泡吧的时候总是会告诉琼斯自己很快就回家，如今的约翰却恨不得彻夜不归，再多多享受一点儿自由；以前，约翰不管什么事情都以琼斯的意愿为先，现在的约翰却变得非常理智，如果琼斯想买一套很贵的化妆品，约翰会提醒琼斯他们正在攒钱买房。总而言之，琼斯觉得感觉糟透了，约翰非但没有因为婚姻而增加对自己的爱，甚至连维持都算不上，她觉得他们之间的爱情在急剧降温。不过，约翰却没有觉察到琼斯的内心，依然我行我素。琼斯非常苦恼，找到心理专家咨询。心理专家告诉琼斯，婚后有这种变化和困惑是正常的，因为他们对于婚姻的温度有着不同的要求。在心理专家的建议下，琼斯找了一个机会认真地向约翰倾诉了自己的感受，约翰表示理解和接受，并且进行了一定的调整。琼斯呢，也相应地调整了自己的情绪。很快，在两个人的共同努力之下，他们找到了最适合自己的爱情温度，使得婚姻生活变得更加幸福和美满。

婚姻是不是就像洗澡？每个人对于水温都有着不同的要求。同样的温度，有的人觉得很舒适，有的人觉得很冷，有的人觉得很热。幸好，爱是双方的事情，所以，要想找到最合适的温度，只需要经过两个人的同意就可以了。约翰的态度是很积极的，琼斯也找到了心理专家咨询，在他们两个的共同努力下，婚姻才能以最适宜的温度出现，使相爱的两个人都觉得温暖舒适。

经过性格磨合的婚姻，才是最幸福的

对于两个完全独立的人而言，要想很好地相处，性格是最关键的因素。脾气秉性相投的人，即使第一次见面，也会感觉非常熟悉，不会产生太大的冲突。与此相反，假如两个人的性格完全不同，而且属于针尖对麦芒型的，那么无论他们再怎么努力，也无法互相欣赏。当然，两个人既然能够相识、相知、相爱，在性格方面肯定是有一些共同点的。在走入婚姻的时候，因为需要面对琐碎的生活，就需要相爱的两个人更好地调节自己的性格差异，从而更融洽地与对方相处。只有这样，婚姻才能幸福和美满。

　　有人说人生很短暂，也有人说人生很漫长，不管是对于持有哪种观点的人而言，也不管人生到底是漫长还是短暂，婚姻在人生中都占据着至关重要的位置。而在整个婚姻之中，婚姻初期又是一个必须高度重视的阶段，它往往决定了婚姻的幸福与否。这是因为婚姻初期是两个人刚刚开始相处的时候，假如在这个阶段能够调节好性格的差异，那么相爱的两个人就能更好地相处，彼此包容，彼此欣赏。否则，如果婚姻初期的相处就非常不顺利，那么就很难为未来的婚姻打下良好的基础。从本质上来说，恋爱和婚姻是有着很大的区别的。在恋爱的时候，我们看着自己所爱的人，总是满心欢喜，哪怕是缺点，在爱人眼中也会变成无可取代的优点；婚姻则恰恰相反，因为长期的接触与磨合，每个人都像是刺猬一样在挑剔对方，即使是优点，也常常会变成缺点。这就要求我们一定要在婚姻初期调整自己的心态，改变自己的观念，延续恋爱期间的优良传统，依然以欣赏和包容的眼光看待自己的爱人。这一点说起来容易，做起来很难。如果能够做到这一点，那么就相当于磨合性格差异的过程成功了一半。其次，还要学会把这些性格的差异变成婚姻生活中的情趣。对于夫妻双方而言，一种是性格

第6章 恒久的婚姻需要用心，经营比选择更重要

互补，一种是性格相似。性格相似是两个人相识相爱的基础，性格互补则是两个人相处的基础。我们不妨设想一下，假如这个世界上的所有人都按照我们的心意统一规格，那生活将变得多么乏味啊。所以，聪明的女人会利用这些性格方面的小差异制造婚姻的浪漫和惊喜，给婚姻生活带来更多的情趣。总而言之，只要你能够采取积极的态度面对婚姻初期性格的磨合，那么就一定能够取得更好的效果。对于任何人而言，磨合之前首先要做的就是端正心态。

张霞是个急脾气，也许是造化弄人吧，她的老公杜明偏偏是个慢性子。每当要出门的时候，张霞就会火急火燎地催促杜明，杜明刚开始的时候还能竭尽全力地配合张霞，后来就渐渐地失去了耐心，变得烦躁不安。为此，他们每当要出门的时候就会吵一架，有的时候甚至因为吵架把原本计划好的事情也取消了。刚刚结婚一个月，他们就已经吵架无数次了。后来，张霞的闺蜜劝说张霞："你是个急脾气，他是个慢性子。但是，他会经常迟到吗？"张霞想了想说："约会期间，我迟到过，他好像没有迟到过。"闺蜜继续问："那婚后这段时间他上班会迟到吗？"张霞沉思片刻说："虽然他很磨蹭，但是上班好像也没有迟到过。有一次，因为单位要求六点半集合，所以他起床之后只用了半个小时就从家里出发了，平时可是要磨蹭一个多小时的，这充分说明他的速度是可以提升的！"闺蜜慢条斯理地说："我和你的想法恰恰相反，我认为这刚好说明你无须催促他，使他变成和你一样的急脾气！你要知道，慢有慢的

109

好处。你这个急脾气，假如别人非逼着你慢下来，你会觉得舒服吗？换位思考一下，你就可以理解他后来为什么和你急赤白脸的。"张霞若有所思，闺蜜接着说："既然他不会迟到，你就不要催促他，只要告诉他具体的时间就可以了。"在闺蜜的启发之下，张霞再也不催促杜明了，每次要出门的时候，张霞都会打扮好自己在一边静静地等候着杜明。杜明呢？张霞催他的时候他急赤白脸的，如今张霞不催他了，他反而不好意思让张霞久等了，总是自觉地加快速度。就这样，他们和好如初，再也不会因为速度快慢的问题吵架了。

婚姻初期，那些最尖锐的性格差异会渐渐地浮出水面，给曾经相爱的两个人造成很大的困扰。此时，我们一定要想办法解决性格差异的磨合问题，更好地理解和包容对方，否则，就会给婚姻生活带来不愉快。

♥ 婚姻里找到自己的定位

恋爱是镜中花、水中月，带给人无限美好的感受。相爱的两个人就像是鸟儿自由地在天空中飞翔，尽情地享受着爱情的甜蜜，他们时而约会，时而一起出游，时而一起欣赏一部好看的电影，偶尔还会来一次烛光晚餐，享受爱的浪漫和甜美。然而，这一切在步入婚姻之后就会发生改变，变得符合实际，变得庸俗。例如，每天都要面对开门七件事——柴米油盐酱醋茶，还要面对爱人的父母、亲人和朋友，处理各种纷繁复杂的关系。那么，从爱情的天堂落入婚姻的尘埃里，我们应该如何准确定位自己呢？毋庸置疑，恋爱是一起吃饭、散步、游玩等享受，但是婚姻却需要合理的分工，因为婚姻面对着前所未有的责任和压力。在婚姻初期准确定位自己是很重要的，这能够帮助你找准自己在婚姻之中的位置，从而更好地与爱人分工合作，经营好彼此的小家。

有的人非常自私，对待爱情也同样自私，认为爱情就是占有，不但自己毫无保留地付出，也要求对方全盘接受并毫无保留地付出；有些人觉得相爱的人之间是不需要隐私的，所以有些男人和女人会选择共用一部手机；当然，也有些人认为不管两个人爱得多么深，都应该保持适度的距离，给对方一些私人空间……这些爱情的观念各有各的理由，无可厚非。对于每个人而言，我们要找到最适合自己的和最适合自己所爱的人的定位，这样才能使彼此觉得更加舒适，更加享受婚姻带来的美好感受。难以想象一个喜欢黏着爱人的女孩和一个喜欢自由不喜欢约束的男孩结为夫妻是一种怎样的情景。所以，在定位自己的时候，必须使用相爱的两个人一起摸索和总结出来的结论，这样才能适用。以前，当女人主要承担家务和照顾孩子的时候，根本没有权利给自己定位，因为社会的等级观念已经给女人定了位。现在，女人也走上了工作的岗位，撑起了半个社会，有着和男人平等的社会地位，因此，照顾家庭和孩子不再是女人的分内之事，所有的家务琐碎都应该由男人和女人共同承担。所以，这就要求相爱的男女要在婚姻初期给自己准确定位,这样婚姻生活才能少一些矛盾,多一些和谐融洽。

徐志是东北人,有股大老爷们的气势。和娇小可爱的李玉结婚之后,徐志当仁不让地担当起了主外的工作。李玉本身就是一个依赖性很强的小女人,所以看到徐志不管什么事情都一马当先地冲在前面,她倒是也乐得清闲,整日在家做自己的小资女人。在这种生活模式下,他们彼此的心理需求都得到了满足,因此彼此相安无事,生活得非常幸福。

相比之下,朱倩和马蕴的婚姻就没有那么顺利了。首先,朱倩是一个事业心很强的女人,早在结婚之前,她就告诉马蕴自己一定要有自己的事业,马蕴表示支持。然而,结婚之后马蕴却发现如果夫妻俩都忙于事业,那么家庭就会处于荒废状态。他们俩每天都各忙各的,等到深夜回家的时候,却发现家里锅是冷的、被窝是冷的,因此,他们不得不依靠叫外卖解决吃的问题。如此过去了一年多,马蕴终于忍不住抱怨起来,他对朱倩说:"你看看你还像个女人吗?每天都夜里九、十点钟才回家,我就想不明白你们单位怎么那么多的事情!咱们结婚一年多了,你是为我洗过一次衣服还是做过一次饭?这哪里是家,简直连大学宿舍都不如!大学宿舍还开卧谈会呢,咱俩呢?回家倒头就睡,没有任何交流和沟通。"朱倩也很委屈:"你当初可是答应我有自己的事业的,可不许反悔!"马蕴还是不依不饶:"那也不能永远这样下去啊,有了孩子怎么办?这还像个家吗?"听了马蕴的话后,朱倩也陷入了深深的反思。最终,为了爱情,为了家庭,她做出了妥协。她申请调换到了一个比较清闲的岗位上，这样就能够抽出一些时间来照顾家庭，而马蕴呢，则保证努力工作，坚持不懈地奋斗，成为那个在外面冲锋陷阵的人。果然，他们的家渐渐地有了温馨的感觉。朱倩每天都按时下班，回家之后做一顿美味可口的晚餐，然后等待马蕴回家一起吃饭。有了孩子之后，朱倩也负责照顾孩子。马蕴则任劳任怨地在外拼搏，只为了回家之后能看到老婆和孩子的笑脸。

结婚之后，家庭必然要消耗人们的一部分精力。这时，就要求相爱的人能够在婚姻中协调好彼此的责任和义务。在一个家庭之中，假如两个人都忙于工作，必然会忽略家庭。只有一方做出牺牲和让步，另外一方给予理解和宽容，爱情才能在婚姻之中开花结果。如今，女人也承担着重要的社会角色，很多女人生完孩子后回归到工作岗位，相反，很多男人为了支持妻子的工作而甘愿退居家庭，抚育孩子，等到孩子上幼儿园之后，男人再去工作。这也不失为男人为家庭做出的一种牺牲和付出。其实，不管是男人还是女人，家庭是一个整体，需要人们在考虑问题的时候能够从大局出发，统筹规划，这样才能建立更加幸福美满的家庭。

保持神秘感，让婚姻保鲜

众所周知，结婚与恋爱是完全不同的。恋爱是两个人之间的事情，可以天马行空、随心所欲，而婚姻则是两个家庭的事情，除了要照顾到两个彼此相爱的人之外，还要照顾他身后的家庭。因此，有人说，婚姻是两个家庭之间的结合。一旦结婚，原本简简单单的相爱的问题就会变得复杂起来，婚姻承担的责任和压力比恋爱要大得多。

当你爱上一个男人并且想和他结婚的时候，你必须做好充分的心理准备，你不只是同他一个人结婚，而是在与他的生活习惯、家庭背景以及社会背景结婚。必须弄清楚一点，你所面对的这个男人不是一个单独的个体，而是与他相关的那一群人。此外，你还要承担婚后生活中柴米油盐的压力。因此，一旦结婚，婚前那种恋爱的甜蜜感可能会渐渐消失，导致人们的心理产生波动，就产生了恋爱与婚姻的落差心理。所谓落差心理，是指理想与现实的距离造成了人们内心的失衡。曾经有心理学家列出这样一个算式：幸福生活=现实-期待。它的意思是，现实值与期望值之间的差值决定了幸福的程度。当差值为正的时候，生活就是幸福快乐的；当差值为零的时候，生活相对平稳；当差值为负的时候，人们就会变得悲观失望，对生活失去信心和希望。那么，面对婚姻生活，如何保持恋爱的温度呢？这就要求初入婚姻的男人和女人们要调整好自己的心态，积极乐观地面对婚姻生活。

从男人的角度来说，恋爱中的男人往往比较殷勤，对女人呵护备至，而一旦结了婚，有些男人就会觉得自己把所爱的女人装进了保险箱，因而放松了警惕，变得懒散起来，这也是很多女人觉得男人婚前和婚后判若两人的原因。所以，男人应该保持自己的积极性,即使结了婚,也要周到地照顾自己心爱的女人,给予她更多的温暖和关注。从女人的角度来讲,古人云,女为悦己者容。很多女人婚前非常注重自己的形象,关注自己的仪表和气质,而一旦结了婚,她们便觉得自己进了保险箱,所以整日蓬头垢面,变成了一个不折不扣的黄脸婆。对于相爱的两个人而言,不管他们如何注重自己的私人生活,一旦结了婚,他们就变成了一个有着共同利益和共同目标的整体,他们团结一心,努力为创造美好的生活而奋斗。当双方因为一些无关紧要的问题发生冲突的时候,要照顾到对方的感受和情绪,更好地经营婚姻。只有保持像恋爱中一样的个人魅力,才能对对方产生吸引力,爱情才能更加长久,婚姻才会更加幸福。

依依和黄林结婚之后,感到生活简直无聊透顶,非但没有像他们所预想的那样变得更加幸福和美好,反而越来越乏味。他们整日为谁做饭、谁洗碗之类的事争吵不休,并且双方的家庭问题也使他们俩之间的感情产生了隔阂。为此,他们之间的感情越来越淡,甚至起了离婚的念头。看到依依痛苦的样子,闺蜜不由得给她出主意:"你看看你啊,先不说你们双方的家里有没有矛盾,你看看你自己如今变成什么样子了。以前的你总是穿着时尚,神采奕奕,现在呢?不管你是不是因为想攒钱买房子,你都首先要保持个人的魅力啊,哪个男人愿意和一个黄脸婆度过一生呢?你必须先照顾好自己,然后考虑买房子的事。如果黄林看不上你了,移情别恋了,那你自己攒钱买房子还有什么意义呢?"听了闺蜜的话,依依恍然大悟,她知道自己应该保持个人的魅力,这样才能留住黄林的心,才能拥有一个幸福美满的家庭。从那之后,她再也不会沉浸在双方的家庭矛盾中,更不会因此而和黄林大吵大闹。她学会了包容,每天都心情愉悦,把自己打扮得漂漂亮亮的。闲暇的时候,她会主动约黄林一起去看电影、看话剧,或者是一起出去旅游等。渐渐地,他们之间的爱情恢复了当初灼热的温度,很多矛盾也迎刃而解了。

从依依的婚姻中,我们不难明白一个道理,即对于相爱的两个人来说,即使婚姻需要面对的问题很多,首要的问题也还是先处理好彼此之间的感情,经营好彼此之间的爱。只有这样,很多问题才能迎刃而解,婚姻生活的基础才能更加牢固。

要想为爱情保鲜,要想使婚姻历久弥新,我们首先要保持神秘感。所谓神秘感,就是指构成情感引力的重要因素,它能够使人产生雾里看花、水中望月般的朦胧美感,从而引发恋人之间的情趣,使爱情变得越来越浓醇。

❤ 心态是婚姻走向幸福的桥梁

"看她的家庭多幸福!"我们常常赞叹他人的幸福婚姻。其实,幸福的婚姻不是凭空而来的,而是需要不断调整心态、不断学习的。只有我们最知道自己婚姻的优势在哪、问题在哪,也只有我们能尝试采用积极的方式进一步发展优势,尽量解决问题。

其实,不仅是生活中需要一个好的心态,婚姻中也是如此。身处围城之中,很多事情都不是我们自己能决定的,既然你无法改变自己的丈夫,那不如改变自己对这件事情的态度,保持一个好的心态,努力让自己拥有一份好的心情;心情好了,自然看一切都顺眼,做一切都顺心,正所谓"境由心生",如果你每天都能保持一份好心情,那么,你眼中看到的将会是鲜花和美景,属于你的婚姻生活也会变得快乐而美满!

莉从来不吃葱、姜、辣椒,一吃就难受。但是,每次炒菜之前,她总要先切上一碟辣椒,然后用姜丝拌蒜泥,再浇上半勺滚烫的花生油,因为这是丈夫喜欢吃的。莉很乐意地做这一切,甚至把它当成一种享受。当然,她有时也会发发牢骚:"你就知道吃,我为你做了半辈子的保姆,什么时候你能做一顿像样的饭菜给我吃呢?"丈夫总是呵呵一笑说:"你做的饭菜是最香的,别人做的我还不吃呢!"

莉想想也是,这么多年,丈夫都非常爱自己,这样一想,莉的心态便调整过来了。一次莉生病了,丈夫急得眼睛都红了,拉着她的手不停地问:"你想吃什么,我帮你弄去。"莉笑笑说:"你会弄吗?""我会,我这就去。"说着丈夫就走进了厨房,本想给女人煮碗热腾腾的鸡蛋面,可是手背上被油溅了几个红点不说,面还弄糊了,尝了一下,味道也不对。丈夫只好悄悄下楼到对面餐馆买了一碗牛肉面,小心翼翼地端到床前,低着头对女人说:"不是我自己做的,我做不好。"莉的泪花已经在眼里打转,她说:"你有这个心就够了。"

莉的身体康复后,他们又恢复了以往的日子。每天饭前女人还是会雷打不动地准备一份姜丝辣椒。

莉和丈夫就是一对平凡的夫妻,但他们相处中的一点温情就足以暖透人心。多年如一日,做丈夫喜欢做的菜谈何容易,莉也有怨言,但她贵在能主动调整心态。其实要让婚姻幸福并不如想象中那么难,只要我们用一点点心,能调整心态多为对方着想,让对方感受你对他的重视和关爱,那婚姻就能幸福和谐地走下去。婚姻是需要两个人共同来经营、呵护的,两个人在一起,当恋爱的激情退去之后,以后的漫长岁月就更需要心的细致和体贴了。

婚姻犹如一艘航行在浩瀚大海的航船,当船触礁时,遇险的绝不仅仅是某一个人,而是整个家庭。成功的婚姻不是偶然的,女人切不可把婚姻中的一切视为理所当然,也不要认为婚姻就是"从此王子和公主过上了幸福的日子",如果这样去想,婚姻一定会让我们失望。幸福不是从天上掉下来的,而是先由我们付出,经过精心培育,才能收获你想要的爱。

敏的丈夫是一个节目主持人,人长得帅,又有口才,很多女人喜欢他。而敏却是一个普通的女人。他们结婚三年了,他越来越红,她还是从前的样子。敏知道丈夫是靠嗓子吃饭的,在他去上班的时候,她一个人在家,就给他剥莲子,把莲子里小小的心抽出来,然后煮成茶给他喝。而丈夫的应酬特别多,甚至回家和她吃饭的时间都很少。后来,丈夫有了婚外情,和

第6章 恒久的婚姻需要用心，经营比选择更重要

一个女人好了，于是常常夜不归宿。

敏没有和丈夫争吵，还是默默为他剥莲子心，把细细长长的心剥出来，已经剥了一包，放在茶几上。有一次丈夫回家拿东西，看到她在屋里坐着，没有开灯。他开了灯问："你在干什么？"她在剥莲子，黑着灯也能熟练地剥！丈夫的心瞬间软软一动，喉咙有些哽咽，但刹那间就掩盖了过去，只是淡淡地说："你能再给我煮一杯莲子茶吗？"

敏欣喜若狂，赶紧煮来一杯。望着缭绕升起的白雾，丈夫的眼睛湿了，但他还是走了。下楼的时候敏追过来，他停住，皱着眉头，以为她要死缠烂打，或者骂他。但敏只递给他一包东西，是她剥好的莲子心，她说："不要忘了，多喝对你嗓子才好，你还指着嗓子吃饭呢。"此时的丈夫已经有些悔意了，但不愿回头让她看到，毅然地离开了。那天晚上，他孤独地待在另一个房子里，拿出那包敏剥好的莲子心，用滚烫的水为自己沏了一杯。喝一口，苦而涩。再喝一口，那淡淡的苦依然在唇齿之间。第三口，苦后的一阵甘甜，化作百指柔，搅得他的心隐隐作痛。

这清苦的莲子心水，唤起了他对往日的许多回忆，他发觉自己总在以一份追求奢华生活的虚荣心来对待敏朴实真挚的情，甚至背叛她、伤害她，然而，敏的心却始终没变。

婚姻幸福是一种感觉，也是女人穷尽一生的追求；婚姻幸福是一种心情，一念之差就能改变女人的一切。在婚姻中你是飞往天堂还是跌进地狱，全在你自己，善于调整心态才能一次

又一次推开幸福的大门。

  两人之间的爱是永远的宽恕,心态是走向幸福的桥梁。不要企图去改变对方,女人在婚姻中应凡事做到心中有数:调整心态、自爱独立、宽容理解、丰富生活、精心经营。若能做到这些,怎么会不幸福呢!

第7章

婚姻需要好心态，才能过好小日子

婚姻里不可能事事如意，谁都会经历一些浮浮沉沉、坎坎坷坷，假如没有正确的心态，又能如何面对婚姻里的种种问题呢？夫妻两个本来就是一段生活里的合伙人，你为我做一分，我就要心存感激。

♡ 心态好了，婚姻自然幸福了

很多女人认为幸福是一种境界，更是一种心态。很多时候，在爱情的世界里，我们都无法改变我们不希望发生的事情，或是改变对方性格中我们不满意的部分。这时，只能调节自己的心情，用一种更好的心态去面对，才能欣赏、享受美好的爱情。

在爱的世界里，有你有我，遥远地相望，守候情缘是种幸福；在希望中静静地等待，等待有情人在一起厮守终身是种幸福；萍水相逢的喜悦，蓦然回首的期待，执手相牵的祝福是种幸福。幸福正是女人的一种淡然的心情，来自一个会心的微笑、一句体贴的话语、一个问候的短信、一个拥抱……

娟娟的同事们都说她和她丈夫特别幸福。每天早晨丈夫都会送娟娟上班，一次门卫大爷跟娟娟说："你哥够细心的了，天天送你过来"，可把娟娟乐坏了。29岁的娟娟和丈夫军在一起6年了，丈夫比她大5岁。

娟娟刚参加工作的第一天就遇到了军，后来军成了她丈夫。军对娟娟是一见钟情，厚着脸皮，说尽了甜言蜜语才追到娟娟，一直也特别依从她，用军的形容就是"像一只小绵羊陪在她身边，任凭她用鞭子轻轻抽打。"他们俩都很爱旅游，一有假期就出去玩。城市周边和全国各地的很多地方都留下了他们的足迹。娟娟怀孕4个月的时候还趁着十一假期出去旅游了,军说她怀孕期间脾气不太好,得带她出去玩玩。

他们的婚礼刚好碰上难得一遇的"非典",出现了不少波折。娟娟直言:"那期间酒店都不让举办婚宴了,我们的婚礼地点改了3次,日子改了2次,真是伤透了脑筋。2003年5月20日那天,我们在酒店举行了简单的婚礼,原定40桌的计划也缩减到5桌,简单庆祝了一下。"不过娟娟并没有因此而失望,相反,能在这么特殊的时段内举办婚礼,虽然有些坎坷,却很值得两个人怀念。

说到结婚这些年的感受,娟娟坦率地说:"在一起这么久,也就婚礼那事儿有点让人头疼,之前之后都是顺顺当当的。有时候朋友们在一起开玩笑,说结婚后马上就'七年之痒'了,我们的爱情可没有什么坎。秘诀就是'幸福的心态对待婚姻'。结婚这些年了,我们并没有因生活琐事冲淡了感情,反而总是在点点滴滴中浇灌爱情,所以我们的感情就像注入了'保鲜剂'。心态良好,生活才能蒸蒸日上嘛。"

确实,幸福的心态就是婚姻的"润滑剂"。我们所感受到的幸福没有形状,也没有绝对的标准可言。饥渴时,幸福的心态是有一碗粗茶淡饭或一杯清水;贫穷时,幸福的心态是有一顿丰盛的饭菜;困乏时,幸福的心态是有一张床能够躺下安歇……幸福蕴藏在婚姻生活的点点滴滴中,它是来自女人心灵深处的一种感觉,一种触及心灵深处的悸动。

正是因为幸福的千姿百态、摇曳生姿,才使得追求幸福的方式也各有千秋。而心态是其中的关键,只要自己觉得幸福,那你就是全世界最幸福的女人。幸福的心态如同你脚上穿的鞋子,有的人看你的鞋子外面又脏又破,可是你觉得穿着很舒服,敝帚自珍,你也会感到由衷的幸福。

琪看着身边和她同龄的姐妹和同事都陆陆续续搬进了大房子、买上了自己的私家车、频繁出入大型的购物商场,心里十分艳羡。再想想自己和丈夫每个月不多的工资,突觉日子过得乏味而难堪,心底难免涌出莫名的不满,一肚子火气都不知道该找谁发泄,看什么什么不顺眼,做什么什么都憋气,脸色便越来越难看,心情也越来越糟糕,常常感觉自己是天下最不幸的女人。一天,丈夫突然问她:"你最近怎么了,怎么老不开心?工作不顺利?"在得到否定的答复后,丈夫表示不理解:"那你为什么每天都黑着脸不高兴呢?"她说她觉得不幸福。"那什么才是你想要的幸福呢"丈夫歪着脑袋认真地问。"你看看别人,有大房子有私家车有很多钱,可我们呢?!"丈夫不以为然地说:"你有我和儿子呀!你有我和儿子爱你难道你还不幸福吗?"

一句话便重新唤醒了琪心底深处的幸福感,是啊,幸福是种心态,在乎自身的感受,怎会是如此虚荣和媚俗的东西呢?婚姻生活中不如意之事十有八九,本来就是多味豆,酸甜苦辣尽有,这是现实,我们没有必要过分感伤和抱怨。境由心生,女人要学会把自己的心态调节好,要理性、洒脱和豁达,把幸福的心态变成一种习惯,让幸福的阳光时时光临我们的人生,分分秒秒都能照进我们的生活。

女人一生幸福与否，关键在于你的心态。心态阳光了，一切就都变得明媚了，幸福的心态决定着美好与丑陋、成功与失败、痛苦与快乐。调整好自己的心态，也就调整好了自己的生活、自己的世界。正所谓爱恨一念间，心态变了，天地自然就宽了，爱自然就豁达了，婚姻自然就幸福了！

♥ 婚姻不是相互改造，而是相互适应

"婚姻是爱情的坟墓"，这是一句人尽皆知的名言。但若我们认真思考，便会发现此言差矣，从客观条件出发，婚姻是让你和成长背景、生活习惯、宗教信仰不尽相同的丈夫生活在同一片天空下。你们也许会因为种种差异而发生争执、矛盾；但同时，你也能从对方身上学到珍惜、理解、包容……怎么轻率地将婚姻视为爱情的坟墓呢？

婚姻和爱情并不是矛盾的两端。爱情是一种付出，需要回报；婚姻则是责任，而不仅仅是爱情。婚姻中更多的是要用实际行动表达的爱，所以婚姻不是爱情的坟墓，而是爱情的试金石。事实上，婚姻和爱情既是两个不同的概念，又是相互包容的共同体，只有相互融合在一起，才能使你和丈夫共同享受美满的婚姻、完整的爱情。

语晨跟丈夫是在大学校园里认识的，交往了六年多，才步入婚姻的殿堂，恋爱时候也分分合合了好几次，但爱情最终

战胜了所有困难。语晨说："就在我们要去登记时，我又犹豫了，六年多的感情，在那一刻突然觉得淡得不见了踪影，莫非我们真的跨进了爱情的坟墓？还是我患了婚前恐惧症？"丈夫在一边安抚她说："的确，我们的爱情淡了，但是我们的感情却不知又深了多少倍，我们的爱情已经在不知不觉中转变成了亲情，是比爱情更亲近的，两个人变成一个人了的亲近"。于是，她们结婚了。结婚后，丈夫对她还像以前那样，只是责任感更强了。丈夫喜欢拿着他们的结婚照点评，其中最喜欢那张他穿中山装，语晨穿旗袍的，因为这样看起来他是家长，是户主，很有权有地位，而语晨则小鸟依人，很乖。语晨就不喜欢这张，说丈夫像个封建地主家的老爷，自己像个姨太太。

类似的分歧不止出现在欣赏照片或者看电视什么的，装修房子、买东西都会出现语言战争。但是，丈夫会让着语晨，因此没有哪次会因为意见相左而真正翻脸。语晨说："婚姻里，双方要互相尊重、信任，也正是走入了婚姻，我也学会了容忍。老公有很多缺点，这些都是我在婚前没发现的，比如丢三落四。我家的伞是买了丢、丢了买，还有手套、围巾，真是到他手里就有去无回了。开始我还发脾气训他一番，后来也懒了，唉，丢都丢了，说又有什么用呢？毕竟丢了还可以再买，真吵伤了感情就难补救了。"如今，她们有了可爱的宝宝，家里更是多了一份欢笑。丈夫总说语晨心里只有儿子了，不高兴了，非常吃醋，不过语晨知道，丈夫心里美着呢。尤其是当别人说儿子长得像他时，真是得意忘形了。

第7章 婚姻需要好心态，才能过好小日子

看看语晨幸福的婚姻，完全没有坟墓的影子，语晨自己都说，将婚姻看成爱情的坟墓实则是种悲观的想法。婚姻不是爱情的坟墓，而是一面放大镜，放大了爱情的千疮百孔。有的女人会在婚后小心翼翼地把这些缺陷补好，而有的女人只会不断地制造新的伤痛。婚姻中的爱情是需要经营的，为了给爱情保鲜，我们需要用心去对待丈夫。

在婚姻中，两个人仍然是独立的，并非占有。女人如果过分地要求丈夫，牵制丈夫，只会使你的个性丧失，生活中的磕碰频繁，丈夫也会感觉疲倦。明智的女人会知道若即若离、不温不火，既维持整体性又不失去个性，这样才能够吸引丈夫。切记：丈夫不是物品，更不是笼中之鸟，不要试图改变他、干涉他，这样做只会弄巧成拙，让对方想方设法地逃离牢笼。

星月结婚不久就惊讶地发现，原来在她心中那个近乎完美的丈夫，其实有很多小毛病，特别是生活习惯上的，说出来，怕他觉得丢了面子；憋在心里，久而久之很难受，常常感到莫名的郁闷和烦躁。有一段时间，丈夫因为工作上的原因，回到家里，对她总是火气不顺，怎么看都不顺眼。其实星月能理解，就像她看他不顺眼一样，但还是忍不住憋了一肚子的怨气，想改变他这些毛病。终于有一天，她忍不住了，于是开始恶语相向，时间久了难免会伤及感情。

一次偶然的机会，星月妈妈打电话来说不舒服，她急着回家看妈妈，可当时正和丈夫处于冷战阶段，所以把心里想说的话给老公发了一封邮件。几天后她发现丈夫回了一封"投

诉信"：历数了她总是试图改变他的性格，让他烦躁不安，同时也说最近心情不好，是因为工作原因，希望和星月和好。此后，星月试着调整自己的处理方式，果然和丈夫的关系好了很多。

确实，婚姻不是相互改造，而是相互适应。星月的改变促使她的婚姻在幸福的轨道平稳运行。你和丈夫从恋爱到步入婚姻的殿堂，再携手走向银婚金婚，注定会经历一系列的观念变化，这是你们两个人不断走向成熟的心路历程。恋爱是浪漫的、梦幻的，而婚姻是现实的、质朴的。经营得当的婚姻绝不是爱情的坟墓，而是会给予你充实感、安全感、满足感、舒适感，是一种稳固、愉悦的互补关系，如潺潺流水般记录着你的幸福安宁！

❤ 乐观的女人在婚姻里更容易幸福

婚姻对女人而言，不仅意味着浪漫与甜蜜，还意味着付出与牺牲、责任与义务、磕绊与碰撞、甘甜与苦难、容忍与尊重。如何描绘你的婚姻生活，是如意还是不满，全在于你的心态。快乐就是一种阳光心态，女人离开了快乐的滋润，婚姻之河将毫无色彩可言。

要做快乐的女人，并不需要一切东西都是最好的，只要能满足于自己已有的一切就足够了；要做快乐的女人，并不需要生命中的一切都一帆风顺，只要能用积极的心态去对待生活，

第7章 婚姻需要好心态，才能过好小日子

一切就足够了。婚姻生活并不只是一种无奈，而是可以由自身主观努力去把握和调控的，女人有什么样的心态，就会有什么样的生活和命运，而快乐的心态就是调控和谐婚姻的控制塔。

一个晚上，若梅参加了一个饭局，做东的是一个做生意的朋友。在她们这个小小的地方，她的生意几乎占据市场的一半，这几年赚得金满盆银满钵，已经是一个不大不小的富翁。一阵寒暄、客套过后，若梅问她一天能赚多少钱，她愁眉苦脸地大吐苦水："这些天生意比较清淡，每天只能挣1000元，我和老公为此都吵了好多次架，弄得最近心情一直不好。"若梅和众人都很惊讶，此后都是这位朋友在苦恼，她大吐自己一点也不快乐，现实与自己的目标太远了，婚姻也不如意。

饭局过后，若梅回到家里，她看见刚从街上贩小菜归来的丈夫，喜气洋洋地在饭桌上数钱，她问丈夫："今天赚了多少钱？"丈夫笑眯眯地说："净赚25元。"看着丈夫兴奋的样子，若梅觉得眼睛有点湿，丈夫一天赚25元，比那个轻轻松松一天挣1000元的人怎么要快乐得多呢？若梅与丈夫说了晚上的事情，问丈夫为什么比她朋友要快乐得多呢？丈夫说："老婆，快乐就是我们心中的期望，也是你们的欲望，别期望太高了，越高就越不容易得到满足，我每天只愿望挣到20元，今天我挣了25元，我的愿望达到了所以我开心知足了，你的期望别太高了，期望低一点，你的目标与理想都会实现，你也会越过越快乐的。"

是啊，快乐的本质并不在于得到多少，而在于心态。决定

一个女人婚姻如意与否的关键也正是"快乐的心态"。婚姻中总会有各种各样的事情发生，我们都无法预料明天可能会发生什么，但女人可以用快乐的心态做人生的指挥官，相信自己才是自己婚姻的主宰。在婚姻中，我们常会陷入"钱就是幸福"的误区，若梅朋友的故事告诉我们快乐就是快乐，与物质、金钱没有任何关系。

往往，金钱的多少并不能衡量婚姻的质量，而面对婚姻的心态却能改变生活的走向。无论一个女人多么有能力，如果缺乏快乐的心态，就不可能如意。快乐的心态产生的能量是巨大的，有了它，女人就能把握住自己的婚姻，尽享幸福。

拥有了快乐心态的女人，才能承受婚姻中的种种压力，并有勇气挑战各种困难和挫折；拥有快乐心态的女人，才能让痛苦和烦恼远离自己，感受恬静婚姻中的温馨爱情。婚姻是女人人生中无法后退的生命之旅，面对神圣的婚姻殿堂，我们要静静地思考，细细地品味，在淡然豁达中享受婚姻生活，让自己活得精致而有意义，将家庭经营得融洽而和谐。

所谓"性格决定命运，心态决定姿态"，可见婚姻的质量首先取决于你自己的心态，不同的心态就会有不同的表现。一个女人的婚姻是否幸福，不能看她所享受的物质状况，因为有钱的不一定就觉得幸福，而经济条件不好的，未必会觉得不幸福，我们的欢乐与痛苦，其实都是自己的心态所造成的。只要我们的心是快乐的，我们周遭的一切就充满了朝气和激情。

懂得快乐生活的女人，就应该在婚姻中保持一个阳光心态。无论婚姻生活中遭遇了怎样的不幸、艰难，都要保持一种快乐的心态：感谢上苍让你在人世轮回里遇见这个"十年修得同船渡、百年才能修得共枕眠"的丈夫。婚姻中有晴天丽日，也难免阴雨霏霏，但有了快乐心态就可以超越恐惧、自卑、胆怯、气馁，充满自信、乐观地面对一切。

女人有了快乐的心态，就有了战胜失败和挫折的勇气和信念；女人有了快乐心态，就有了健康的精神与兴趣；女人有了快乐的心态，就有了永远保持魅力的资本；女人有了快乐的心态，就有了婚姻和谐、人生幸福的必胜宝典！

心态独立，学会享受生活

"敏敏，我都快郁闷死了，刚才妈又来电话催了，今年再嫁不出去我就去出家当尼姑了……"王敏和闺房密友佳的谈话，大多数的话题都是讨论佳现在的男朋友怎么样，或是如何帮她找男朋友确定终身大事。王敏看着品着茶一脸无奈落寞的佳，一时间也不知道该说什么好。三十出头的佳是那么的优秀亮丽，怎么就那么难找对象呢？

"上次给你介绍的那个博士，不是挺不错的吗？能不能别那么挑啊？"

"哪里是我挑啊？将就吧，关键是我看人家根本没有处对象的意思啊。"

"怎么会呢？我打电话问问。"王敏的一通电话下来，她只有"嗯""啊"的份，因为博士太能总结和归纳了，没有给她插话的机会。博士只是举了几个很平常普通的相处细节，就用一句话总结了他们不合适的症结所在——佳太依赖人了！

依赖是相对于自立而言的，依赖思想太强则意味着自我的弱化、独立的丧失。可以说依赖对于女人来说是一个陷阱，一旦掉入这个陷阱，便难以自拔。诚然，恋爱、婚姻是一个相互依赖的过程。

每个恋爱、婚姻中的女人都会面临着这样两难的困境：只有相互依偎在一起，才能感觉到爱情的甜蜜，但是如果靠得太近，又担心有一天会被伤得很深。而一旦依赖太深，我们的生活便会变得不再像从前般单纯、快乐，你会时刻感觉到你的生活中不能没有他：马桶坏了不去打物业的维修电话，而是请求他的帮助；灯泡坏了不去自己搭凳子来换，而是寻求他的支援；一个人不敢在雷电交加的夜里睡觉，而是渴望他的保护；一个人不愿在厨房忙活烧菜，而是希望他的陪伴；一个人不想独自无聊地去看电视，而是期待他的情话……

圆圆的丈夫学历较高，工作很好，有较高的薪酬，而她自己的工作是护士，他们结婚五年，圆圆给丈夫生了三个孩子。在做母亲后，圆圆便把工作辞掉了，她的角色是家庭主妇及母亲，她需要操持家务，照顾孩子与丈夫。随着时间的流逝，圆圆越来越依赖她的丈夫。

这时，丈夫的工作显得非常重要，因为家庭的维持全靠他，他的成功即圆圆的成功，也是家庭的成功。他是这个家的中心，圆圆看着他，孩子也看着他。圆圆所做的一切都是为了他，为了他们的孩子，一旦丈夫工作上出了问题，圆圆也就有了问题。

渐渐地，圆圆接受了这种关系，因为这是她所熟知的生活方式：她的婚姻就是以她父母以及她成长时所看到别人的婚姻为蓝本的。慢慢地，她对丈夫的依赖取代了她以往对父母的依赖。同样，她丈夫也希望圆圆温柔、体贴。因此，两人都得到了他们所寻求的东西。又过了七八年，他们的婚姻危机爆发了。圆圆开始感到束缚、不被重视、不满，因为她未能做出更多的事，没有成就感。而丈夫却越来越光鲜照人，事业有成。

善良的丈夫便鼓励圆圆去做她想要做的，更自信些，主宰她的生活，不要让自己感到遗憾，也不要只为他和孩子活着。这些与她当年结婚时所规划的未来生活有了冲突。丈夫对圆圆说："如果你想出去工作，为什么不去找呢？你也可以再回到学校去进修啊。"随后，圆圆遵循自己的想法和丈夫的意见，重新开始经营起了自己喜欢的工作，在她逐渐摆脱对丈夫的依赖后，生活和家庭也变得更加和谐了。

虽然当今的女性较以前独立，但在婚姻中还是难免形成依赖丈夫的状况。这种现象的产生，一是由于女人在小时候的家庭中养成的这种依赖心理，恋爱、结婚后，对父母的依赖自然而然地转为对丈夫的依赖；二是由于女人在现代社会中依然处于比较柔弱的地位，所以在结婚后丈夫便成了靠山。即使她们在工作中争强好胜，但她们在生活中依然想找一个停泊的港湾，像圆圆就是如此。

从心理上说，要脱离心理上的安乐窝是艰难的。依赖这一毒素会以各种各样的方式侵入生活，让更多女人从依赖中得到满足，因此，依赖往往难以戒除。圆圆能摆脱这种依赖，则来源于对心理独立的不断认识：不再勉强自己去迁就各种情面或关系、做自己不愿做的事、跟着丈夫走亦步亦趋等，学会自己开始积极思考独立自主地决定自己的事情。女人心理上独立便是无须再依赖别人，但不再依赖他人，并不是不需要。依赖与需要是两回事。心理上的依赖，说明你有一种情绪：无论你做什么事，你都想看看他，你自己没胆量、没信心去做。如果他不在身边，你便会感到无助，茫然不知所措。而心理上的需要，是指你有一种交往上的需要。在生活中，你需要爱情的理解与关心等，这种需要能完善你的人格，让你的品质得到塑造，境界得到升华，如此，你的人生才能更加充实、丰富而有意义！

♥ 既享受婚姻，又保持自我

美好的婚姻如一碗汤水，需要诚实的滋养，聪明的女人会知道诚实与透明是不同的。透明是毫无隐私，而诚实是尊重对方，同时有所保留。即使再亲密，作为女人也不需要把心中任何感受和想法都逐一向对方倾诉。把所有想法都告诉丈夫事实上是一种不负责任的做法，确实，你减轻了自己的压力，然而，却把压力转嫁给了丈夫。

第7章 婚姻需要好心态，才能过好小日子

面对生活中的点点滴滴，你无须把自己过去的遭遇和不快告诉丈夫或带到你们每天的新生活中，无论当时丈夫能否接受，都会留下有形或无形的伤害，要知道，爱情的世界是容不下一粒沙子的。

也许很多人不熟悉迈克·尼克尔斯这个名字，但谈起他导演的作品《毕业生》，你一定耳熟能详。黛安·索耶是他的妻子，业绩也毫不逊色，她是美国ABC电视台的台柱，美国当今最红也是最有魅力的女节目主持人。

两人走入婚姻殿堂时，迈克已经56岁，黛安也42岁了。此前迈克有过3次失败的婚姻，但对黛安来说，这是她第一次婚姻。黛安说："我们彼此相互了解，有共同的爱好，更重要的是我们依然彼此独立，保留自我，对于对方的事业只提意见，不予干涉。""因为工作的关系，我的生活常常与飞机为伴，我已习惯飞来飞去的生活。我不会因为结婚而暂缓我工作的节奏。不过我也要关注他的感受。刚结婚不久我问迈克，'你是不是很讨厌我常常外出采访工作？还是你根本就很喜欢一个人待在家中？'他回答说，'两者都有。'"黛安在一次有关婚姻家庭的杂志对她的采访中谈到："他尊重我的工作，我也对他长期在外工作表示理解。这是我们婚姻牢固的基础之一。""我们也对对方的工作表现提出自己的意见，指出对方的不足。但是只是个人意见而已，我们并不会因此而争吵。除此之外，对于一个稳固的婚姻来说，坚守与责任也非常重要。"

婚姻中，你和丈夫应该同心同德，拥有共同的兴趣，追求共同的利益。但是，这种亲密无间的夫妻关系并不等于没有自我，你们仍然是两个独立成熟的个体，可以为自己负责，也可以为对方负责。学会保留自我，才能使两个人生活得更加独立、更加快乐。

女人有自我和自信，才能真正享受美好的爱情婚姻生活。婚姻中，你和丈夫应该是两个交叉的圆，交叉的部分是彼此分享；未交叉的部分，就留给彼此独自成长、回味吧。

赵静22岁大学毕业时就结婚了，因为太爱丈夫，所以结婚时丈夫一贫如洗，两个人还要和婆婆住在一起，她也丝毫没有介意。结婚后，赵静一方面要照顾家庭，另一方面还要开拓自己的事业，婚后慢慢地，她的心理失去了平衡，渐渐觉得压力很大，她觉得丈夫是现在自己最亲的人，于是她习惯了事无巨细都跟丈夫倾诉。

在婚姻中，她自认为做了很大的牺牲。她也记不清是从什么时候开始，尤其是看到原来比自己学习差、能力低的同学，纷纷出国留学或者获得很好的工作机会，甚至嫁了更出色的丈夫时，她十分不平衡。自己现在的生活苦不堪言，工作压力大，家庭事务繁重，而每天听她倾诉的丈夫也不耐烦极了。这种生活折磨得她非常痛苦，对丈夫和家人也有了越来越多的埋怨和愤怒，导致家里面几乎每天都有口角和冲突发生。

有的女人常因为太爱对方，而在婚姻中表现得更像一个仆人，而不是伙伴，试图依靠毫无保留来赢得丈夫的感动。如果你甘愿如此，在婚姻中放弃自我，牺牲自我，毫无保留地来换取对方的爱，并希望完全走入对方的世界的话，那么一旦关系出现波动，你就会感到绝望，认为自己一无是处，婚姻了无生机，其实，这是不积极的婚姻模式。

我们都希望婚姻是为了自己的幸福，而不是自我惩罚。为了婚姻的幸福，适当的、互相的改变是必要的，但是，如果毫无保留地付出成了你的义务，当你成为婚姻的附属品，那么爱情就变味了，婚姻也就变味了。

婚姻如围城，城外的想进去，城里的想出来。真正聪明的女人，会在城中找块空地，在房子周围开垦出一小片绿地。必要的时候，不用出城也能享受到温暖的阳光，呼吸到自由的空气。同时，站在绿荫中更深刻地感受丈夫的爱，家庭的温暖，婚姻的幸福！

❤ 平淡是婚姻的本味

不管多么轰轰烈烈的爱情，最终都要归于平淡的生活。很多人说婚姻就像白开水，在最初的激情退却之后，会变得索然无味。其实，白开水不是无味，而是真味。当你口渴的时候，即使是再好喝的饮料和纯粹的果汁，也无法解决你的口渴。只有白开水能够缓解你的口渴，让你喝得酣畅淋漓。婚姻也是如此，只有在平淡之中，才能表现出真情来。有的时候，人们能够在危难之中团结一致地共同抵御外敌，战胜困难，但是到了平淡的生活中，能够经得起岁月打磨的真情却不多见。古人云，患难见真情，其实，患难终究会过去，短暂的激情是可以维持的，反倒是平淡，像是一把钝剑，使人感到迟缓的疼痛。

要想得到幸福的婚姻，就要坦然接受平淡的生活。尽管生活并不是一帆风顺的，但是总体而言，在人的一生之中，还是坦途更多一些。在生活中，大多数普通人都过着千篇一律的日子，每天睡觉、吃饭、上班，偶尔休闲、娱乐。就这样，有些人难免会抱怨生活了无滋味。有很多女人在情窦初开的年纪都非常向往拥有琼瑶小说中的爱情，那么轰轰烈烈、爱得死去活来。然而，生活并不是演戏，假如每天都是干柴烈火，相信人们很快就会化为灰烬了。其实，在一生之中，人不管如何折腾，都是为了获得心灵的宁静平和。稳定的婚姻生活恰恰能够给人以灵魂的安宁，使人无比踏实。

一直以来，小敏都想过一种浪漫的、有情调的生活，但是，她的老公李刚却是一个沉稳内敛、不善表达的人。每次到了结婚纪念日或是小敏生日的时候，小敏都非常渴望李刚能给她一个意外的惊喜。然而，李刚却总是会忘记那些特殊的日子，让它们平平常常地过去了。一个偶然的机会，漂亮的小敏认识了一家公司的老总。虽然这个老总已经成家了，但却总是对小敏献殷勤，使小敏感到怦然心动。和那个木讷的老公比起来，这个老总是那么的年轻有为、风度翩翩，最重要的是，他送的每一件礼物都是小敏心仪已久的，比小敏亲自去挑选的更合她的心意。最终，小敏向李刚提出了离婚，她告诉李刚自己

第7章 婚姻需要好心态，才能过好小日子

不想就这么平平淡淡地过一生。

在去办理离婚手续的路上，也许是因为心情不好吧，沉默不语的李刚总是唉声叹气。小敏就是看不惯他这种窝囊的样子，因此不由得说："你看看你，还像个男人吗，就从来没有见你说过一句痛快话！"说着，小敏不屑一顾地"哼"了一声。李刚的情绪更加低落了。在十字路口，突然之间，一辆拉着渣土的大车闯了红灯，冲着他们飞奔而来。情急之中，李刚下意识地打方向盘、刹车，然而，灾难还是发生了。小敏不知道自己是如何进医院的，醒来之后，她看到爸爸妈妈守在自己的身边。看着爸爸妈妈哭红的眼睛，小敏想了很久才想起来车祸发生之前的事情。她问："李刚呢？"听到小敏的话，妈妈哭泣着出了病房，爸爸告诉小敏，在危急关头，李刚为了保护小敏，自己成了植物人。当时，只要他向反方向打方向盘，按照常规地下意识打方向盘，那么，现在昏迷不醒的也许就是小敏了。保险公司的人说，他打方向盘的方向很奇怪，一般人在危险关头总是下意识地保护自己，但是，李刚的做法截然相反。

得知事情的真相之后，小敏突然意识到，李刚才是这个世界上最爱自己的人。虽然他不会说花言巧语，也不会给小敏买贴心的礼物，但是他愿意以自己的生命为代价去保护小敏。而那个所谓的老总呢？得知小敏因车祸受了重伤之后，他换了手机号，再也没有和小敏联系过。在小敏的精心照顾下，经历了半年之久，李刚终于苏醒了。他醒来的第一句话就问："小敏呢？小敏没有受伤吧！"

这就是爱情,平淡如一杯白开水,但是却最解渴。平淡不是乏味,而是婚姻的真味。一场车祸,使小敏认清了李刚的心。这个沉默寡言的男人,虽然不会用花言巧语表达自己的爱,但是却在用自己的生命爱着小敏。小敏很庆幸自己没有错过李刚,不然,她这一生再也不会找到真心爱自己的男人了。

第8章

夫妻之间相互尊重，男人也是需要宠爱的

尊重是产生爱情的根源，是爱情存在的基础。婚姻中，夫妻之间若没有相互尊重，也就无法建立幸福美满的家庭。相互尊重是夫妻间建立亲密关系的基石，是幸福婚姻不可忽视的因素，夫妻双方不可在婚姻里气势凌人，更不能轻视对方。

赞美你的伴侣，让亲密升级

在这个世界上，每个人都喜欢听到别人的赞美。很多时候，赞美能够产生人世间最奇妙的"功效"。赞美蕴含着巨大的能量，大到简直令人无法想象。尤其是在相互爱慕的情人之间，赞美更是能够创造奇迹。有人说，爱情使人头昏脑涨，在恋爱的时候，情人眼里出西施，即使一个女人很丑，只要男人赞美她长得漂亮，她也会美滋滋的，甚至一连几天都非常兴奋；与此相反，假如一个男人言语粗俗，但是女人却赞美他就像一位地地道道的绅士，足以与法国贵族相比，那么这个男人一定会处处谨言慎行，尽量使自己表现得更好一些。这就是赞美，有一位名人说过，假如你想让一个人改变，最好的方式就是按照自己所期待的他的表现去赞美他，你定然会惊讶地发现他正在朝着你所期待的方向改变自己。在婚姻生活中，赞美更是一剂灵丹妙药。假如男人想让女人变得勤快一些，那就千万不要指责女人很懒惰，而要赞美女人是天底下最勤快的女人；假如女人想让男人更有家庭责任感，那就千万不要指责他是一个浪荡子，而要夸奖他是世界上最有家庭责任感的、最值得托付终身的男人。如此一来，婚姻中的双方都会竭力表现得更好，彼此之间更融洽地相处。

人们常说："哄死人不偿命。"实际上，哄与赞的含义差不多。对于女人来说，赞美是一剂灵丹妙药，男人的赞美能够使女人神采奕奕，充满自信。其实，生活中有很多赞美的机会，为了使婚姻生活更加和谐美满，不管是男人还是女人，都可以用赞美来使对方心情愉悦，主动地改变和提升自己。例如，大部分女人每试穿一件新衣服都喜欢征求丈夫的意见，这时，女人的初衷就是变相地想让男人赞美她，男人除了要给出中肯的建议之外，一定不要忘记赞美女人。再如，在家庭生活中，很多时候女人必须依赖男人的帮助，如拎重物、修理灯泡水管等。当得到男人的帮助以后，即使是夫妻关系，女人也一定要及时向男人表示感谢，并且赞美男人的无所不能。如此一来，当女人再次需要求助的时候，男人一定会心甘情愿、积极主动地帮助女人。总而言之，不管是男人还是女人，都无法抵抗赞美的魔力。因为有了赞美，人与人之间的相处才会变得更加令人愉悦，爱人之间才会多一些默契和友爱。尤其是对于婚姻而言，和爱情比起来，婚姻是现实和琐碎的，如果没有赞美作为保鲜剂，爱情就无法保鲜。因此，不管你是男人还是女人，在婚姻生活中，都不妨多多赞美对方。

在结婚一段时间之后，那林觉得家庭生活简直太枯燥无味了。他失去了自由，不能像以前一样隔三差五地和哥们儿一起泡酒吧，每天一下班就必须按时回家。回家之后，他也无法安安静静、全心全意地看球，因为妻子在厨房忙碌，他必须适当地做一些打下手的工作。看着那林越来越乏味的模样，妻子意识到自己必须做出改变了。其实，作为新婚夫妇，他们需要摸索着找到最适合彼此的一种生活模式,这样才能够共同组建一个幸福的家庭。妻子好像越来越依赖那林,有的时候,如果那林回来晚了,妻子会委婉地给他发个短信:"亲爱的,还没有下班吗?我做了你爱吃的鱼子酱,还准备了红酒。如果你能尽早回来陪我度过一个美好的夜晚,我将不胜感激。"看到这样的短信,那林简直是迫不及待地想要下班回家和妻子一起共进烛光晚餐。次日,妻子还会给那林发一条这样的短信:"亲爱的,非常感谢你昨天晚上回来陪我。我知道,按时回家对于男人来说很难,正是因为你是一个有责任心的男人,所以你才会放弃和朋友一起去酒吧的机会赶回家里陪我。我爱你,是你使我变得幸福!"就这样,在妻子的赞美声中,那林顺利地从一个自由散漫的单身男人变成了一个称职的丈夫。在他们的共同努力下,他们的婚姻生活也变得越来越幸福!

赞美就是有着如此神奇的力量。同样的一个要求,如果用命令的语气说出来,必然导致男人的反感。但是,假如以请求的语气说出来,再加以适当的赞美,就会使男人心甘情愿地被女人牵着鼻子走。作为女人,要想拥有幸福的婚姻,就一定要学会赞美男人!

撒娇不是女人的专利

很多时候,人们都觉得撒娇是女人的专利,殊不知,男人也会撒娇,男人也需要女人的宠爱。不管是男人还是女人,每一个成人的心里其实都住着一个小孩。在日常生活中，人们给自己戴上假面具，用各种各样的法律和行为规范要求自己，从来不敢越雷池半步。因此，走在熙熙攘攘的大街上，人们看到的多是行色匆匆的、不可冒犯的、一本正经的面孔。然而，在所爱的人面前，人们会放松自己的心灵，尽情释放自己的内心，把自己内心深处那个调皮任性的小孩子展示给爱人看。

通常，人们会以为男人应该宠爱女人，实际上，作为一个成熟的女人，作为一个成功称职的妻子，也应该学着宠爱自己的男人，使其在自己面前展现出孩童般的纯真，这样的女人才是聪明的女人。男人撒娇的时候是什么样子呢？在所爱的人面前，他们会任性地赖床，会央求老婆让自己再多看一会儿电视、多玩一会儿游戏。假如一个平日里西装革履非常成熟的男人突然变成了小孩，女人千万不要觉得惊讶，更不要用成人世界的思维要求男人必须马上上床睡觉，或者是停止看电视去吃饭。在这种千载难逢的时刻，在男人心底里的小孩自由玩耍的时候，聪明的女人会宠爱男人。既然他想赖床，那么你就陪着他赖一会儿吧，如果他饿了，你准备好美味的食物亲自拿到床上喂他也未尝不可；假如他还想看会儿电视，那么即使你再困，也应该陪着他看到尽兴为止。要知道，生活给予了男人太大的压力，能够获得这片刻的休闲，是多么难得和可贵啊！女人不要败兴，而要使男人尽兴。女人的宠爱能够使男人彻底地放松自己的心灵，尽情地释放自己压抑的内心。只有一个聪明的女人，才能使男人如此放松、如此踏实、如此调皮和任性！

小娜的老公冯刚是一个非常成熟稳重的男人,平日里,家里的大事小情都由冯刚打理,小娜则专心地享受着老公无微不至的照顾和呵护。不过,有的时候冯刚也会一反常态,像一个长不大的孩子一样赖在小娜的身边。冯刚是从事销售工作的,工作压力很大。每到休息的时候,他就喜欢赖床。他不仅自己喜欢赖床,还要求小娜陪着他一起赖床。每当这个时候,小娜就会像母亲那样纵容冯刚。她陪着冯刚一起赖床,等到冯刚说饿了,就赶紧起床给冯刚做饭,有的时候甚至还会拿到床上和冯刚一起分享。虽然只是一个小小的生活细节,但却让冯刚乐此不疲。每到休息的时候,冯刚都会赖在家里,赖在床上,让小娜无微不至地照顾他。在此过程中,他的心理压力渐渐消散了,变得越来越轻松。

每个男人都有自己喜欢做的事情,当男人任性的时候,女人应该学会包容和理解男人,允许他们像年少不经事的时候那样放纵自己,放飞心灵。好女人能够抚慰男人的心灵,使男人在家的港湾里充满力量。女人的宠爱就像是男人的甜点,能够使男人在正餐之后享受甜蜜。

♥ 既要"进得厨房",又要"入得厅堂"

自古以来,人们就用"入得厅堂,进得厨房"来形容优秀的妻子。不过,在古代社会,女人还没有明确的社会分工,她们的主要任务就是留守在家中相夫教子。因此,那个时代的女人肩负的责任显然要小得多。随着社会的发展，女人的社会地位得到了提高，女人开始走上社会，与男人一样承担起繁重的工作。因为生活变得忙碌了，肩负的责任更重了，所以现代的女人很难兼顾入得厅堂和进得厨房。在这种情况下，女人开始两极分化，或者是入得厅堂，或者是进得厨房。既然鱼与熊掌不可兼得，那么男人应该如何取舍呢？到底是入得厅堂更重要，还是进得厨房更重要？心理学家经过研究发现，男人是用眼睛谈恋爱的，这就决定了男人更在乎女人的形象。现代社会，形形色色的美女如雨后春笋般层出不穷，假如一个女人心甘情愿地在家里当黄脸婆，为男人煮饭炒菜，那么日久天长定然成为一个只能"进得厨房"的糟糠之妻。其实，饭馆在大街上随处可见，但是，爱面子的男人更希望得到的是一个能够拿得出手的爱人。尽管人们说要想拴住男人的心就要拴住男人的胃，但是仍然无法改变男人用眼睛来谈恋爱的事实。由此，聪明的女人要在这两者之间求得平衡，即首先成为一个入得厅堂的娇妻，再争取成为一个进得厨房的贤妻。

李秀明是一个非常贤惠的女人，自从结婚以后，因为丈夫郝强忙于工作，她就主动辞职在家，专心地相夫教子。人们常说："一个成功男人的背后必然有一个默默付出的女人"，这句话是很有道理的。正是在李秀明的支持之下，郝强才得以解除后顾之忧，一心一意地发展自己的事业。10年的光阴，弹指一挥间。转眼间，他们的儿子已经8岁了，女儿也已经5岁了。如今的郝强已经不再是10年前的那个穷小子了，摇身一变成了一个事业有成的钻石王老五。随着事业的发展,越来越多年轻漂亮的女人围绕在郝强身边。刚开始的时候,郝强还能够谨记"糟糠之妻不下堂"的古训,但是随着时间的流逝,他越来越发现李秀明变成了一个地地道道的黄脸婆、一个彻彻底底的家庭妇女。她每天都忙着照顾孩子,尽管家里的经济条件很好,但是却不注意自己的形象,因为她不忍心花郝强辛辛苦苦挣来的钱。尽管如此,郝强却并不领情,他更愿意看着一个个光鲜亮丽的女人在自己的面前转。渐渐地,他开始在外面包养年轻漂亮的情人。李秀明感受到了郝强的变化。以前,郝强最喜欢吃的就是李秀明做的菠菜面,有的时候,即使出去陪客户应酬吃大餐,郝强回家之后也会要求李秀明下一碗面。但是如今,郝强再也不提李秀明的面了,因为他吃惯了燕窝鱼翅、山珍海味,已经对那碗菠菜面不感兴趣了。发现郝强的变化之后,再加上听到的风言风语,李秀明突然想明白了一件事情:女人不能太亏待自己,否则,男人是不会领情的。她开始注重自己的形象,去形形色色的健身会所、美容沙龙,她甚至还开始学钢琴和绘画。经过一年多的时间,已经很久没有关注自己妻子的郝强突然之间就像发现了新大陆一样。出现在他面前的李秀明高雅大方,虽然已经40多岁了,但是却散发出成熟女人特有的魅力,这是那些年轻女孩子所模仿不来的。他开始频繁地带李秀明出席各种商业活动,因为他觉得李秀明不俗的谈吐和成熟的美丽能够为自己增光添彩。

  李秀明非常聪明,她发掘出了自己独特的美丽,最终挽回了丈夫的心。无数事实证明，即使是糟糠之妻，男人也往往无法忍受一个黄脸婆整日围着自己转。所以，作为女人，不管自己的丈夫是成功人士还是普通人，都应该注重自己的形象，最起码能够与丈夫并肩出现在各种社交场合。对于男人来说，美味的食物当然重要，但是面子更重要。一个拿得出手的老婆能够给男人挣来无限的风光。很多时候，即使别人调侃男人是牛粪，只要夸奖他的妻子是鲜花，男人也会觉得特别有面子。女人要把握住男人的这种心理，多多注意自己的形象。

尊重是婚姻幸福的基石

有人说夫妻之间应该相敬如宾、举案齐眉，也有人说夫妻之间就应该打打闹闹，这样才有生活气息。其实，选择以哪种方式相处是夫妻之间的私事，但是，不管选择哪种方式，夫妻相处的基础都应该是互相尊重。

相互尊重是人与人交往的基础，夫妻之间更是应该如此。在茫茫的人海之中，两个原本陌生的男人和女人因为偶然的机会相识、相知、相恋，最终成为陪伴对方走过漫长人生的伴侣，这种缘分是值得珍惜的。然而，因为两个人的性格、成长经历、教育背景不相同，所以夫妻在刚刚生活在一起的时候难免会产生各种争执和摩擦，这时，解决问题和处理矛盾一定要本着相互尊重的原则，因为尊重是一切交往的基础和前提。

任何良好的夫妻关系都建立在平等的基础上。在婚姻关系中，任何一方都不能把自己凌驾于对方之上。在生活中，有些男人比较大男子主义，总是觉得自己是一家之主，凡事都搞一言堂，根本不考虑妻子的想法。此外，也有些妻子喜欢让自己的老公成为"妻管严"，不管什么事情都让丈夫听自己的，动不动就训斥丈夫、指责丈夫。这两种情况都是不好的，势必导致家庭不和谐。其实，现代社会人们生存的压力都很大，不管是男人还是女人，都非常辛苦，假如在外面打拼了一天回家之后却无法享受到家庭的温暖，那么肯定会觉得心灰意冷，凡事都提不起兴致来。古人云，家和万事兴，是有一定道理的。只有家庭和睦了，只有在家庭中得到了应有的尊重，人们才能够有兴致在社会上打拼，才能充满信心、挺直腰杆在社会上做人做事。

史丹丹刚结婚3年，但是如今却面临着离婚的窘境，她很委屈，不知道自己错在了哪里。对此，提出离婚的杨阳说："我实在是无法忍受她无休无止的谩骂和指责。恋爱的时候还好，她还能够正眼看我，但是自从结婚之后，她动不动就拿我和别的男人比较，嫌我挣钱少，没本事。最让我受不了的是，不管是当着她家亲戚的面还是当着我朋友的面，她总是旁若无人地指责我、呵斥我，弄得我一点面子都没有！我感觉即使是陌生人之间也应该有最起码的尊重。"对此，史丹丹则不认为自己是在指责杨阳，她说："我也是为了这个家好，看着别人都过得比我们好，我的心里很着急。所以我想让他更加努力地工作。至于亲戚朋友，都是自己人，被他们听见了也无所谓。

其实，夫妻之间还讲究什么尊重不尊重的呢，我们都共有着一个家，每个人不管做什么都是为了这个家好。"

显而易见，对于尊重，史丹丹根本没有最基本的认识。夫妻关系虽然是很亲密无间的，但是同样要讲究相互尊重。尤其是男人，是非常爱面子的，假如女人没有给予他应有的尊重，他就会觉得很丢脸。女人一旦伤了男人的自尊，男人就会觉得无法忍受。所以，要想拥有美好的爱情和幸福的婚姻，即使是亲密无间的夫妻也要彼此尊重。

❤ 聪明女人，懂得给男人留足面子

几千年来，女人的社会地位和家庭地位始终很低，在古代，更是有女人以夫为纲的封建思想。在重重压迫之下，女人度过了几千年的悲惨生活，没有地位、没有尊严。然而，随着社会的开放，新中国的到来，女人的地位一下子得到了提高，她们不仅开始走向社会，在社会中承担和男人一样的责任，在家庭之中也撑起了半边天，成为祖国的半壁江山。毋庸置疑，以前那些压迫女人、歧视女人的思想是不正确的。不过，翻身做主人的女人们如今却面临着另外一个问题，即她们之中有的人很好地摆正了自己的位置，以树的形象与男人比肩并立在社会与家庭之中，但是有些女人却一时之间无法很好地定位自己，变成了对男人颐指气使的女皇，如此一来，男人的地位就岌岌可危了。毋庸置疑，男人也是不应该被压迫的。不管是爱情，还是婚姻，都要建立在平等的、两情相悦的基础上。假如女人不能端正自己的位置，而是从翻身的农奴变成了得势的暴君，那么男人必然无法忍受，也就谈不上所谓幸福的婚姻了。

如今，每到节假日的时候，很多女人都在商场血拼，身后则跟着一个拎着大包小包的老公。如果男人觉得很舒服，心甘情愿，那么女人的这种行为自然无可指责；反之，如果男人觉得这是一种折磨，深以为苦，那么哪里有压迫，哪里就必然会有反抗，即使当时男人没有表现出丝毫不满，他们内心的抱怨也会最终积累到一定的量之后喷发出来。到时候，只怕女人就管不住男人了。因此，作为女人，一定要采取正确的态度对待男人，千万不要把男人当成是自己的"佣人"。尽管时代发展了，男女平等了，不过在很多家庭中，在很多人的心里，男主外女主内的心理意识还是存在的。当男人在外面打拼一天的时候，回到家中，他们想要看到的是温热可口的饭菜和干净整洁的家，而不是冷锅冷灶和乱糟糟的家。作为女人，假如把所有的家务事都交给家庭的"男佣"去处理，那么家对于男人就会渐渐地失去吸引力，变成一个可有可无的地方。如此一来，女人可就追悔莫及了。当然，这也并不就是说女人必须承担所有的家务劳动。其实，家是一个讲情的地方，而不是一个讲理的地方，对于家庭责任与义务的承担，我们完全没有必要斤斤计较，只要相爱的人彼此觉得合适、舒服就可以了。

在别人眼中，李琼和范晓无疑是一对模范夫妻。他们俩在同一所学校工作，每天都携手上下班，事业上更是比翼双飞。

李琼是学校语文教研组的骨干教师，对工作认真负责、勤勤恳恳、兢兢业业，她教的班级始终在全校排名第一。范晓是校团委书记，深得校方器重。他们夫妇二人生活节约，虽然工资不高，但是因为李琼开了一个补习班，因此额外收入非常可观。在结婚几年的时间里，他们不仅买了房子，还有了一些存款。对此，李琼始终觉得自己为这个家付出了更多，因为家里2/3的资产都是她挣来的。所以，她总是对范晓强调"经济基础决定上层建筑"，在家里的时候，她几乎从来不做家务，而是把所有的家务都交给范晓去做。

刚开始的时候，范晓毫无怨言，毕竟李琼每天除了全职上班之外，还要兼职给学生们辅导，所以空余时间很少。但是，随着李琼越来越颐指气使，范晓心中开始不平衡起来。最关键的是，李琼即使有时间也不做任何家务，还会对范晓做的家务活儿挑剔指责。渐渐地，范晓觉得自己就像是一个李琼雇来的佣人，非但没有任何地位，还得不到应有的尊重，而李琼则像一个高高在上的女皇。为此，他的心情非常抑郁。

起初，李琼对这种情况不以为然，反而总觉得自己是个女强人，把一个家领导得有声有色，把老公驯得俯首帖耳。一个偶然的机会，她在与儿子一起玩耍时，儿子非常小心翼翼地说："妈妈，你以后不要呵斥爸爸了，好吗？每次你说完他之后，他都一个人到阳台上抽烟，非常伤心。"儿子一语惊醒梦中人，李琼不由得惊出了一身冷汗。她突然发现老公整天都在委曲求全，不仅失去了生活的欢乐，也丧失了做人的自信，更失去了与李琼交流和沟通的欲望。李琼改变了自己,开始主动承担家务,开始学会温言细语地和老公说话,终于,她又在老公脸上看到了久违的笑容。

事例中的李琼悬崖勒马,挽回了平静的表面下波涛暗涌、暗藏危急的婚姻。假如不是及时醒悟,他们的婚姻必将走向名存实亡,甚至走向无法挽回的局面。作为女人,不管再怎么精明强干,不管为家里做出了多少贡献,都不要因此而高高在上,把老公当成佣人。一个男人,如果在家庭中都没有自信和受到尊重,怎么会有信心面对人生呢?

♥ 家是男人温馨的港湾

有人说家是温馨的港湾,男人就像远航的船,即使走得再远,也会回到家中停泊;有人说家是清新的田园,使人在喧嚣的尘世中能够找到属于自己的精神家园,能够在这里休憩,呼吸新鲜的空气;还有人说家是温暖的源泉,远行的游子即使走得再远,也会在某一天回到家中感受家人的温暖和亲情的抚慰;甚至有人说家是一本刚刚制作好的书,刚刚写下前言,并且带着油墨的馨香……每个人对于家都有着自己的理解和感悟,不管家是什么,都是人们灵魂的归宿。尤其是对于男人而言,家是疗伤的地方。现代社会,生活和工作的压力越来越大,作为家庭顶梁柱的男人们总是面对着形形色色的压力和一些不期而至的伤害。然而,他们是男人,必须勇敢地面对一切的风风雨雨，只有回到家中的时候，他们才能卸下伪装，袒露自己的真心，默默地疗伤。对于男人而言，假如回到家中也无法得到抚慰，那么家对于他们来说就会失去存在的意义。作为女人，要照顾家庭，照顾男人，照顾孩子，最重要的是还要在男人需要的时候抚慰他那颗受伤的心灵。

现代社会，很多女人对于物质的要求越来越高，她们不停地要求男人得到更高的官职，挣更多的钱，却没有意识到男人也是会感到劳累的。在外面拼搏一天之后，他们回到家中只想安安静静地休息，补充体能，以便第二天能够再次朝气蓬勃地投入生活之中。此时，假如女人只知道喋喋不休地抱怨或者指使男人，男人就会不耐烦，甚至不想回家。聪明的女人会怎么做呢？她们会给男人准备一杯热茶，一桌美味可口的饭菜，她们会在男人满腹心事的时候默默地陪伴在男人身边，随时准备着成为一个认真的倾听者。其实，只要这样就够了。男人内心深处的责任意识还是很强的，休息好了他自然会为了爱人和孩子再次去努力拼搏，而不需要女人唠唠叨叨地催促。自古以来，人们就说，男儿有泪不轻弹。一个成功的妻子能够让自己的爱人在自己面前表露出最脆弱的一面，一个温暖的家庭能够使男人放松地敞开心扉疗伤。家，是男人疗伤的地方，是男人最终的归宿！

张蔷最近很苦恼，因为她的丈夫李允总是闷闷不乐。张蔷不知道丈夫到底是怎么了，每天回到家中都会在书房里一根接一根地抽烟，也许是怕张蔷担心吧，丈夫始终没有透露自己的心事。如此一段时间之后，张蔷沉不住气了，她打电话给丈夫最好的朋友，朋友却支支吾吾地说："李允怕你担心，让我先不要告诉你。"张蔷急了："我是他的妻子，我有权利知道关于他的一切事情，我也愿意和他一起承担，我不想看着他一个人陷入苦闷之中。你是他最好的朋友，难道你不想为他好吗？"最终，朋友告诉张蔷，李允在工作中出现了重大失误，需要承担单位20万元的损失。听到这个消息之后，张蔷丝毫也没有埋怨李允，因为她了解自己的丈夫不是那种不认真的人，一定是有什么出乎意料的情况才导致了这个意外。她知道，李允心里一定也很难受，所以当务之急不是埋怨，而是要承担单位的损失，使李允抬头挺胸地在单位里做人。为此，张蔷默默地开始筹款。她把自己多年的保险卖掉了，又从亲戚朋友那里借了十几万元，筹到了20万元。直到把钱给李允的时候，李允始终都不知道张蔷已经知道了真相。张蔷把存折放到李允面前，动情地说："我们是夫妻，是彼此生命中最重要的人。看到你忧愁，我恨不得能够代你忧愁，我非常担心。对于我来说，我宁愿和你一起承担一切，也不愿意心惊胆战地猜测你遇到了什么坎儿。我问了你最好的朋友才知道了真相，我希望，下一次不管发生什么事情，我都是你第一个想到的人，也是唯一一个能够与你分担的人。"李允的眼眶红了，张蔷继续说："我知道你是怕我担心，你却不知道不了解真相使我更担心你。"李允点了点头，他把头深深地埋在妻子的怀里，觉得无比温暖。他很庆幸自己有一个好妻子，有一个真心相爱的人。

第8章 夫妻之间相互尊重,男人也是需要宠爱的

只有一个好妻子才能经营出一个好家庭,只有一个好家庭,才能让男人放心地疗伤。对于男人来说,不管航行多么遥远,他最终都要回到家的港湾,因为家是他修养身心的地方,家是他愈合伤口的地方,家是使他浑身充满力量和斗志的地方。

第9章

幸福的婚姻当中，少不了一些小心机的助力

幸福的婚姻，不是爱得太满，而是爱得正好。好的婚姻需要一点"小心机"，而不是你拼命努力就可以。在适当的时候，花点小心机，用自己的高情商让整个家庭充满温馨，说好每一句话，做好每一件小事，懂得尊重，懂得提升自己，幸福生活就会从此开始。

婚姻中的亲密关系

❤ 做一个成熟的"笨"女人

　　细心观察的人很容易发现，众多出轨的男人往往家里都有一个非常贤惠的妻子，她们不仅辛苦地抚育孩子，而且任劳任怨地伺候老人，里里外外都是一把手。但是，好人却没有好的感情回报，她们的男人往往在外面沾花惹草，使家里贤惠善良的妻子无比伤心。相反，有些女人却非常笨，不仅生活上需要男人的照顾，有的时候工作上也离不开男人的支持，甚至连最简单的家务事都不会做。然而，这些女人却能够安然地享受着男人对自己的百般呵护，感情生活也比较顺利。这个现象非常奇怪，到底是为什么呢？究其原因，是因为能干的老婆往往把男人、孩子和老人都照顾得非常好，导致男人根本不操心家中的任何事情。常言道，饱暖思淫欲，假如男人处处都非常省心，那么就会有多余的精力和时间，这时，他们就会情不自禁地想找些事情做，精神出轨或者是婚外恋就成为必然的了。而那些笨笨的女人，不仅照顾不好家庭，自己本身还需要男人的照顾，所以男人要为很多事情忙里忙外，生活得无比充实，根本没有时间去外面寻找心灵的慰藉。由此可见，女人不要太能干，很多时候，适当地示弱，成为一个"笨"女人，反而更容易博得男人的疼爱。此外，对于男人来说，照顾一个"笨"女人也是一件很有成就感的事情。男人希望自己是被女人需要

第9章 幸福的婚姻当中，少不了一些小心机的助力

的，而不喜欢自己在家庭中的位置是可有可无的。当男人被女人强烈需要的时候，男人就会由内而外地焕发自信，浑身都充满了力量。聪明的女人知道何时应该能干，何时应该变得笨笨的，让男人来心甘情愿地照顾自己，为自己担心。

张志是一个非常能干的男人，即使是独身的时候，他也把自己的生活打理得井井有条，使人完全看不出他是个单身男人。自从和莉莉结婚之后，张志原本以为自己可以享受被女人无微不至地照顾的感觉，但是却发现莉莉是个糊涂虫。她总是丢三落四，生活上尚且不能自理，如何能照顾张志呢？不得已，张志只好继续充当一个能干男人的角色，他不仅要做好家里所有的家务，还要为莉莉烹制美味可口的饭菜。就这样，结婚10年了，莉莉从来没有下过厨房，更没有亲手做过一顿饭菜。每当闺蜜们聚会的时候，莉莉总是非常骄傲地说自己不会做饭，惹得闺蜜们羡慕不已。每次，当单位聚餐或者是朋友们聚会的时候，张志总是惦记着回家给老婆做饭。即使朋友们取笑他，他也依然如故，毕竟不能让心爱的女人饿肚子啊。其实，莉莉并非什么都不会做，最简单的方便面她还是会做的，但是只要张志不回家，她就从来不动锅碗瓢盆。有人问莉莉为什么非要等着张志专门回家做饭给她吃，结婚这么多年了都不学做饭，莉莉就偷笑着说："这样，张志才会有强烈的被需要的感觉啊！在外面的时候，他会惦记着给我和孩子做饭，就会早点儿回家！"张志很爱干净，只要他在家，家里就总是一丝不乱、井井有条。但是，只要是莉莉和孩子待过的地方，很快

161

就会变得乱糟糟的。每次，张志一边收拾一边嗔怪道："我真不知道自己有几个孩子，你看看，你简直比孩子还能折腾，我就是你们俩的老妈子，天天跟在你们后面收拾！我真不知道当初怎么找了你这么个笨老婆！"此时，莉莉总是嗲嗲地说："谁让人家笨呢，你看，我连自己都照顾不好，你可要照顾我一辈子啊！等到宝宝长大了成家了，我就是你的宝宝，你要全心全意地宠爱我！"听了老婆的话，张志总是说："我这辈子是'在劫难逃'了，我不照顾你谁照顾你呢！"

不过，虽然莉莉处处都表现得很笨，但是对待老公却丝毫不含糊。她记得老公喜欢穿的西服品牌，记得老公喜欢吃什么，记得老公喜欢以什么样的方式温存。正是因此如此，张志才会心甘情愿地照顾这个"笨"女人！

女人笨一点儿并不是坏事，这样才能够让男人感觉到自己是被需要的，因此生出强烈的成就感来！聪明的女人即使很能干，有的时候也会乐得清闲，让男人无微不至地照顾自己，既可以享受爱人的宠爱，也可以给予男人更多的成就感，何乐而不为呢！

❤ 生活需要情趣，女人需要性感

对于男人来说，什么样的女人最具有吸引力？漂亮的？可爱的？清瘦的？丰腴的？肤白的？黝黑的？还是清纯的？其实，女人所有的优点在男人那里都可以归结为两个字——性

第9章 幸福的婚姻当中，少不了一些小心机的助力

感。一个男人之所以喜欢某种类型的女人，就因为在他的心里，这种类型的女人是性感的，能够唤起他内心深处男人本能的冲动。所以说，性感的女人对于男人最有吸引力。很多男人偏爱丰腴的女人，就是因为丰腴的女人更能够唤起他们的冲动，使他们觉得非常性感。

不管是在恋爱的时候，还是在结婚以后，男人对于性感的追求是不变的。所以，这就要求女人们努力使自己变成一个性感的妻子，这样才能够对男人有永久的吸引力。那么，何为性感呢？所谓性感，就是指某个人的身材相貌或穿着打扮，抑或是动作，能够让观察者产生性冲动，人们习惯于将这种感觉称为性感。通俗地说，性感就是能够引起异性情欲。一直以来，人们对"性感女人"的讨论似乎始终都没有脱离开女性固有的特征——人体美。通常情况下，性感的女人首先要具备均匀的体态，其次要有无限的风情。一提起性感，人们似乎总是想到跳着钢管舞的妖艳女郎，其实，性感并非总是与暴露或者是色情联系在一起的。人们对于性感有着不同的理解，再加上每个人的审美观点和欣赏品味不同，所以不同的男人喜欢不同类型的性感女人。例如，有的男人觉得袒胸露乳是性感，有些男人则认为清纯可爱是性感；有些男人认为丰满是性感，有些男人则觉得骨感是性感……所以，作为女人，完全没有必要为了吸引男人的眼球而改变自己，故作性感。对于女人而言，最性感的行为就是做最真实的自己，使自己散发出独特的魅力，成为喜欢自己这一款的男人眼中和心目中最性感的女神。这样的女

人，才是成功的性感女人！

很多女人结婚之后就放弃了形象管理，不再像恋爱期间一样每天都把自己打扮得花枝招展，因为她们觉得既然结婚了，就要以自己最真实的一面示人。其实，这并非明智的举动。虽然我们不赞成女人故作性感，曲意迎合男人，但是最基本的穿着打扮还是要做好的。试想，假如你是男人，你是喜欢每天看到一个神采奕奕的妻子呢，还是希望每天都看到一个素面朝天、蓬头垢面的女人呢？毫无疑问，当然是前者更有吸引力。其实，在夫妻之间，性感是很容易做到的事情。例如，女人可以为自己准备一些性感的情趣内衣，或者在老公不在家的时候准备一顿美味的烛光晚餐，穿上自己最喜欢的礼服和老公一起去参加宴会，这些都可以在男人的心目中留下性感的印象。虽然只是一些生活的小细节，但是却能够使男人对妻子产生别样的感觉。这就是性感。还有些女人非常传统，总是认为夫妻关系就应该按部就班，不需要刻意地去营造性感的诱惑。她们很难放开自己，不愿意迎合男人对于性感的需求。这样往往会使男人觉得索然无味，因而对夫妻生活失去兴致。实际上，假如女人能够把性感当成是一种对待夫妻生活的态度，那么就能够把婚姻生活经营得更加富有趣味，使双方都别有兴致。

慧娟是一个美丽大方、才华横溢的女人，她聪明能干，不仅在工作上得心应手，而且在家庭生活中也是一个多面手，抚育孩子、照顾老人、操持家务，她样样拿得起、放得下。但是，她与老公的关系却并不理想。

第9章 幸福的婚姻当中，少不了一些小心机的助力

原来，慧娟是一个非常传统的女人，甚至有些性冷淡的倾向。她平常总是穿着中规中矩的衣服，不施粉黛，为人刻板。在夫妻生活中，她不但不会主动去诱惑丈夫产生冲动，反而很反感丈夫对她的爱抚。刚结婚的时候丈夫以为慧娟是因为不好意思，但是日久天长，丈夫难免觉得索然无味。尤其是在做了妈妈以后，慧娟需要照顾孩子，需要处理的家务琐事也越发繁重，因此，她几乎把自己所有的爱与关心都给了孩子，无形中更加忽视了丈夫。每次当丈夫主动提出性要求的时候，她都非常想拒绝，即使答应了，也会提心吊胆地催促丈夫，生怕孩子醒过来后觉得难为情。这种闪电性爱使丈夫几乎无任何快感可言，渐渐地，丈夫不再对她提出性方面的要求了，她倒觉得落得清闲。直到丈夫提出离婚的时候，她才如梦初醒。她问丈夫为什么自己这么努力，为这个家全心付出，却最终落得这个下场，丈夫说："我知道你是个好母亲、好媳妇，但是，你却不是一个好妻子，你无法满足我的需要。很多时候，我觉得你更像是一个保姆，而不是一个有血有肉的女人。面对你，我没有任何欲望，但是我却是一个正常的男人，我不愿意每天面对一个冷冰冰的女人生活。"因为不够性感，因为缺乏热情，慧娟失去了原本很美满的婚姻。

判断一段婚姻是否幸福，必须取决于夫妻双方的感受。假如任何一方对这段婚姻感到不满意，那么这段婚姻就算不上是幸福美满的。作为女人，即使再怎么忙于工作和家庭，也不要忘记照顾到男人的心理需求，满足男人本能的需要。要想使

婚姻稳固，女人就一定要首先满足男人的需求，因为两性关系是使婚姻稳固的必要基础。在男人眼中，美丽的女人不一定性感，但是性感的女人却一定很美丽，所以，女人首先应该使自己变得性感起来，吸引男人的眼球。只有这样，婚姻生活才能更加和谐。

男人更需要尊重和面子

男人特别爱面子，总是把面子看得比自己的生命还重要，尤其是在自己比较要好的同事、哥们儿面前。作为女人，却有很多人不了解这一点，因此导致彼此间发生了一些不必要的争执。其实，聪明的女人会维护自己老公的面子，即使心中怒火中烧，她们也会在老公的家人朋友面前给足老公面子，私底下再算账。

男人之所以爱面子，是因为他们的自尊心很强。大部分女人都希望自己能够找到一个顶天立地的男人作为人生伴侣，殊不知，男人的男子气概来自女人的支持。很多时候，男人的内心里会住着一个小孩，尽管他们在工作中独当一面，在事业上叱咤风云，但是他们的内心其实也是非常柔软、非常脆弱的。他们尽管谨言慎行，但是难免也会因为一时糊涂犯下错误，或者因为一些原因而不得不做出违心的选择。聪明的女人能够读懂男人，能够包容和理解男人，这是使男人不断成熟的法宝。女人似乎很难想象男人的自尊心有多么强，男人爱护自己的面子就像女人爱护自己的美貌一样，有的时候是比生命更加重要的。男人在面子方面顾虑重重，他们不仅希望女人能够无比崇拜自己，也同样希望自己的家人崇拜自己，顾全自己的面子。只有面子问题得到了解决，自尊心受到了尊重，男人才会变得充满自信。相信大多数女人都知道自信对于男人来说意味着什么。所以，聪明的女人即使再怎么生气、愤怒，也一定会顾全男人的面子。如果不了解这一点，就会给彼此的相处带来很大的阻碍。

王玲已经向亲戚朋友下发了自己和徐阳的结婚请柬，两人也领了结婚证，但是却又突然取消了婚礼。大家百思不得其解，因为王玲和徐阳是大学同学，他们感情基础很好，不至于出现什么意外的变故。面对大家的询问，王玲懊悔不已，不停地说："都是我的错，都是我的错！"原来，王玲犯了徐阳的大忌，导致徐阳下定决心取消与她的婚约。

一个周末，几个高中时代同宿舍的好友来找徐阳玩，他们先是一起打牌，接着又相约去吃饭。因为太高兴了，徐阳忘记了自己已经和王玲约好了一起去看电影。王玲左等不见徐阳，右等不见徐阳，不由得怒气冲天。她气冲冲地去了徐阳的宿舍，发现徐阳正和一帮男人喝得东倒西歪。见到王玲，徐阳全然忘记了约会的事，赶紧歪歪斜斜地站起来向哥们儿们介绍自己的未婚妻。出乎徐阳意料的是，王玲非但没有给徐阳和他的哥们儿们笑脸，反而一气之下把他们团团围坐的简易饭桌给掀翻了。徐阳的酒突然间全醒了，他冷冷地看着王玲，只说了一个字:"滚!"看着徐阳铁青的脸色,王玲似乎意识到自己做错了,但是她扭头跑了出去,没有说一句道歉的话。就这样,徐阳坚决地取消了婚礼,并且最后通知王玲找个时间去办理离婚手续。

当着哥们儿好友的面让男友下不来台,这是任何一个女生在任何情况下都不应该做的事情,除非不打算再见面了,自然,爱情也就会无疾而终。男人是很在乎自己的面子的,女人尤其要注意这一点,特别是在有亲戚朋友在场的时候,冒犯男人的尊严是大忌。作为女人,作为聪明的女人,一定要牢牢地记住这一点。

❤ 女人的聪明在于懂得欣赏男人

在婚姻生活中,男人的自信是女人给予的,女人应该仰望男人,这样才能够使男人觉得自己更加高大魁梧,更加感受到自己身上沉甸甸的责任。如今,所谓的"妻管严"越来越多,在人们感慨阴盛阳衰的同时,也不由得感慨男人越来越不像男人,而女人也越来越不像女人。造物主赋予了男人和女人不同的特性,男人是刚强的,女人是柔美的。只有刚柔相济,婚姻生活才会更加平衡、和谐。如果男人不够阳刚、女人不够柔美,爱情就会失去平衡,无法获得完满的结局。每一个男人,不管身材是高大还是瘦小,都应该是一座巍峨的山,女人则应该懂得仰望男人,这样男人才会更加有责任感,主动承担起照

第9章 幸福的婚姻当中，少不了一些小心机的助力

顾家庭的重任。

一般情况下，男人的本能是给予女人保护而充分显示出自己的强壮，而女人在生活中也就理所当然地成为人们眼中的弱者。实际上，所谓仰望并非让女人真的把男人当成天神一样，而是让女人在生活中依赖男人，显示出自己的柔弱，使男人知道自己是被需要的。在生活中，有很多小细节都能够体现出女人的柔弱。例如，面对一袋20斤重的米，女人也许会觉得无计可施，但是此时只要惊愕地望着男人，男人就会一鼓作气地把这袋米提到6层高的楼上；女人买了一条活鱼给老公补身体，但是看着活蹦乱跳的鱼，女人却不知道如何才能把它变得服服帖帖，这个时候，女人只要手足无措地望着男人，男人一定会勇往直前，把小小的鱼儿打理得干干净净……当然，在女人不胜娇弱地向男人求助之后，一定不要忘记赞美男人的能力，对男人表示无限的钦佩。这样一来，在下次女人需要帮助的时候，男人依然会勇往直前。在此过程中，男人也会变得越来越自信，越来越相信自己的能力。这岂不是一件两全其美的事情吗？

谈恋爱的时候，珠珠对于自己的男友皮特简直佩服得五体投地，他似乎是全能的，不仅能修理好坏了的电灯泡，也可以换水龙头，还能把哇哇大哭的侄女逗得哈哈大笑。似乎只要有皮特在，所有问题都能够迎刃而解。不过，让珠珠疑惑不解的是，自从结婚之后，皮特的这些优点在她眼中都变成了不值一提的特长，而她最关注的却是哪个女友家买了大房子、哪

个女友的老公换了一辆豪华跑车。在不停的抱怨中,皮特整天如履薄冰,变成了不折不扣的妻管严。哪怕珠珠皱眉头,他都很担心珠珠是不是哪里又不满意了。渐渐地,这种状态也延伸到了皮特的工作状态之中。领导总是觉得皮特没有以前那么自信了,遇到事情的时候畏畏缩缩,生怕犯错误。非常巧,领导的老婆是珠珠所在幼儿园的园长,一次聊天的时候,她无意间和珠珠说起了这件事情,珠珠也不停地抱怨说:"是啊,他就是这样的。结婚之前,我觉得他简直是个无所不能的神人,但是现在,我却觉得他是一个一无是处的废物。"听到珠珠这么说,园长非常惊讶,她语重心长地对珠珠说:"珠珠啊,这可就是你的不对了,一个人不可能在婚前婚后发生如此大的变化的,肯定是你看他的心态发生了变化。其实,我倒是建议你还是用恋爱时候的标准来评判他、仰望他,这样才能使他找回自信。你想啊,假如一个男人在自己的女人面前都没有自信,他又怎么能自信地立足于社会呢?!"听了园长的话,珠珠进行了深刻的反省。她意识到皮特是她自己选定的老公,不管他是好还是坏,都是她的老公。作为妻子,她必须支持他,这样才能让他成为一个顶天立地、堂堂正正的男人!果然,从此之后,珠珠改变了自己对皮特的态度,她努力使自己学会欣赏他、仰望他。渐渐地,那个充满自信的皮特又回来了。他在生活中越来越自信,在工作中如鱼得水,很快就得到了领导的赏识。

从皮特的身上,我们更加验证了一个道理,即男人的自信是从女人身上得到的。作为一个女人，要想成为一个好女人，必须学会欣赏男人、学会仰望男人，这样才能激发男人的雄心壮志，使其充满自信地面对社会，面对未来的人生。

理解男人善意的谎言

谎言在人们的生活中占据着重要的位置，似乎每个人都离不开谎言。麻省理工学院的心理学家罗伯特·费得蒙经过研究证实，60%的人在10分钟的交谈中会撒谎大概2~3次。而且，他还发现，男人和女人的撒谎频率几乎相同，但是目的却完全不同。女人撒谎往往是为了取悦对方，而男人撒谎则更多的是自吹。其实，不仅在社会交往中如此，在两性交往中，在甜蜜完美的爱情生活中，谎言也同样随处可见。很多时候，男人之所以说谎是出于一种善意，人们称之为善意的谎言。善意的谎言往往是为了对女性表示礼貌，而接受谎言则更是一种礼貌的表现。一个聪明的女人当然知道，男人什么时候在说谎，而自己又应该在什么情况下接受这种谎言，不戳穿它。很多时候，谎言对于男人来说是一个圈套，男人自从对女人撒了第一个谎开始，就不得不编造出更多的谎言来为第一个谎言圆谎。聪明的女人总是让男人不知不觉地陷入这个谎言的怪圈之中，她们不会揭穿男人的谎言，而是装作无比相信男人，这使得男人必须掌握越来越高超的编造谎言的技巧来讨女人的欢心。反之，有些女人性格刚强，总是在一时冲动之下指着男人的鼻子戳穿他的谎言，最终的结果就是男人不再撒谎了，甚至连伪装都不再了。这两种结果，哪种更好一些？相信每个女人都有自己不同的选择。

作为女人，必须知道的是，男人有的时候说谎并不是为了得到什么，而是为了维护什么，或者是为了维护自己在女人心目中的美好形象，或者是为了维护女人对于爱情的幻想，或者是为了维护婚姻。在这个世界上，几乎没有人能保证自己一辈子不撒谎骗人。因为在很多特殊的情况下，人们撒谎的目的不是伤害，而是保护。曾经有女人说过不怕男人骗自己，只要这个男人能骗自己一辈子。女人总是喜欢生活在远离现实的虚幻中，而男人的谎言则是女人圆梦的速效药。当男人说谎是出于善意，当男人犯的不是原则性错误，而是为了使爱情更加美好，为了使男人趋于完美，女人最好不要揭穿男人的谎言，因为这是爱的嫁裳！

艾琳是一个非常聪明的女人，最近，她刚刚把自己的婚姻从一场无形的危机之中挽救回来。原来，艾琳的老公在读大学期间曾经与同班的一个女孩恋爱，那个女孩是他不折不扣的初恋情人。后来，因为女孩大学毕业之后出国了，他们才不得不劳燕分飞，各奔前程。在大学十周年聚会上，艾琳无意间看到了老公保存在电脑里的同学合影，其中还有他和那个女孩子的单独合影。自此，艾琳就多了一些心思，她不确定老公在同学聚会结束之后还有没有和这个女孩联系。一天晚上，老公去洗澡了，艾琳偷偷地看了老公的QQ聊天记录。果然，他还在

第9章 幸福的婚姻当中，少不了一些小心机的助力

和那个初恋情人保持着联系，而且那个女孩至今未婚，对老公频频示好。换作一般女人，看到这里肯定会与老公大吵大闹，而且展开跟踪等侦查行为，但是艾琳却不动声色。一天中午，艾琳佯装无意地问："大学同学聚会感觉好吗？见到故人了吗？"老公哈哈一笑，掩饰地说："10年没见了，早已物是人非。故人远在他乡，已经彻底地离开了我的人生轨迹。如今，你和孩子才是我的全部！"艾琳依偎在老公身上撒娇地说："呵呵，家有娇妻，谅你也不敢。对了，孩子马上就要放暑假了，咱们计划一次长途旅行吧，或者去四川，或者去云南，这可都是人间天堂啊！"聪明的艾琳就这样提出了出行计划，在为期1个月的长途旅行之中，他们每天的行程都安排得满满的，老公没有任何时间上网，自然与初恋情人断了联系。最重要的是，在这次旅行之中，艾琳处处都像热恋时期的少女一样和老公腻腻歪歪的，使老公对她的感情越来越深厚了。看着活泼可爱的孩子和贤惠聪明的妻子，老公的选择无疑是正确的。

　　艾琳知道老公正在与初恋情人联系，但是却非常欢喜地相信了老公的谎言。她巧妙地安排了一次一家三口的长途旅行，使老公充分感受到了家庭的温暖。没有任何男人愿意放弃辛辛苦苦建立起来的家庭，尤其是对于一个有了孩子的中年男人来说。毕竟，人生并非只有虚无缥缈的爱，更多的是实实在在的责任和义务。更何况，艾琳与老公之间还是有感情基础的，艾琳正是发挥了自己的优势，才把一场家庭危机化解于无形之中。

巧妙维护男人的自尊心

前文已经说过，男人的自尊心很强，他们非常在意自己的面子。聪明的女人之所以能够拥有幸福的婚姻，就是因为他们在生活中从来不支配男人，因为他们知道男人不喜欢被别人支配，尤其不喜欢被女人支配。那么，这是否就意味着女人不能求助于男人呢？答案当然是否定的。上帝之所以让这个世界上有男人和女人，就是为了让他们在需要的时候能够相互帮助，彼此扶持。因为生理方面的原因，女人在生活中的某些方面存在着局限性，例如拎重物，或者是修理灯泡、水管等，这些在男人看来轻而易举的事情，对女人来说却有很大的难度。这时，女人当然要求助于男人，男人也会很乐意帮助女人，体现自己的价值。需要注意的是，这里所说的是求助，而不是支配。其实，不管是求助还是支配都只是一种方式而已，女人最终想要的结果都是一样的，但是，男人却很在乎女人的方式。对于男人而言，求助是他们更乐意接受的，因为求助能够使男人感觉到自己是被需要的，感觉到自己的强壮威武，感觉到女人的小鸟依人。而支配则恰恰相反，支配男人的女人无法给男人一种小鸟依人的感觉，而是给男人一种高高在上、颐指气使的感觉，使男人从内心里非常反感。所以，聪明的女人从来不支配男人，而是以柔弱的姿态求助于男人，尽管有的时候支配也能得到和求助一样的结果，但是给男人的感受却是完全不同的。既然如此，为什么不让男人高高兴兴地帮助女人呢？

第9章 幸福的婚姻当中，少不了一些小心机的助力

具体到细节上来说，求助与支配的差别有的时候就在于说话的方式。例如，女人想让男人去超市买瓶酱油，女人说："亲爱的，我正在做饭，但是家里没有酱油了，麻烦你去超市买瓶酱油好吗？如果你能帮我这个忙，我将非常感谢你！"这时，男人即使正在津津有味地看足球，也会赶紧去买酱油。相反，另外一个女人说："那谁，你别坐着看电视了，赶紧去超市买瓶酱油，没看见我正在做饭吗，一点儿眼力见儿都没有。"这时，男人很可能会装作听不见，有的脾气不好的男人还可能会说："没酱油就别吃了，你自己为什么不在做饭之前准备好！"或者，即使男人最终去超市买回了酱油，他的心里也是觉得很憋屈的，不会像第一个男人那样心甘情愿地为了大家的晚饭去买酱油。再如，女人发现家里的灯泡坏了，但是男人却很忙，始终没有时间修理。一天晚上，女人摸着黑对男人说："亲爱的，要是你能抽空修理一下灯泡，使咱们家重新充满光明，那该多好啊！我知道你很累，所以我不着急，等你有时间的时候再去修理吧！"这时，男人会赶紧放下手里的一切事情去修理灯泡，让家中再次充满光明。另外一个女人说："家里连灯都不亮了，黑乎乎的一片，你什么时候抽出时间来修理灯泡啊？别忘了你是男人，这是你的分内事！"听到这种话，哪个男人会觉得舒服呢？作为聪明的女人，一定要以恰当的方式说话，这样就能够使男人产生完全不同的感受，从而心甘情愿地为家庭付出，为女人排忧解难。

在林倩看来，她与张杰的婚姻还算是幸福的，家里有一

175

定的经济基础，夫妻二人的工作比较稳定，孩子的学习成绩也不错，他们按部就班地过着普通人的生活。但是，让她百思不得其解的是，张杰却突然向她提出了离婚，原因是张杰喜欢上了一个打工妹。论长相、论学历，论一切的一切，那个打工妹都不是林倩的对手，但是张杰却偏偏放着优秀的林倩不要，宁愿抛弃家庭和那个打工妹在一起，林倩觉得很受打击。在去办理离婚手续的路上，林倩问张杰："我想问你一个问题，你最好坦白地告诉我！"张杰平静地看了林倩一眼，说："你问吧！"林倩疑惑地问："那个打工妹到底哪里比我好，使你做出离婚的决定？"张杰笑了笑，说："她比你更需要我。你是一个很要强的女人，和你在一起，我始终觉得自己就像是一个被你呼来喝去的奴仆，而不是一个顶天立地的男人。但是和她在一起，我觉得自己是被需要的，如果没有我，她就会觉得无依无靠。而你呢，习惯于支配别人，你可以很轻松地再找到一个比我更好的男人供你差遣。"林倩不理解："支配？我只是提醒你修理家里坏掉的东西，帮我一些忙而已。"张杰说："的确，你只在需要的时候才支配我。但是，我没有觉得自己是被你需要的。你说话的方式，使我觉得自己就是这个家里的长工，必须由你差遣。"离婚之后，林倩才意识到自己在说话方式方面确实存在问题，在与前夫张杰交往的时候也没有以公平的心态对待他。她痛定思痛，调整了自己，希望能够在未来的生活中珍惜感情生活。

如今，很多女人一旦翻身成为主人，便变得高高在上、颐指气使，对男人吆五喝六。长此以往，女人变成了女皇，而男人则变成了唯唯诺诺的妻管严。其实，任何一个男人，不管他是事业有成的成功人士，还是只是一个普通的男人，都不习惯被自己的女人支配。男人的自信很大程度上来自自己心爱的女人，来自自己的家庭。假如女人都瞧不起他，他还如何立足于社会呢？聪明的女人知道男人不喜欢被人支配的心理，所以处处尊重男人，爱惜男人的面子，最终拥有了幸福美好的婚姻。

聪明的女人懂得"偶尔吃醋"

在生活中，相爱的人往往非常在乎对方，这就导致了在很多时候，爱人们之间会因为一些事情"吃醋"。何为吃醋？吃醋是妒忌的比喻语和同义词。相传，这个典故出自唐朝的宫廷之中。为了笼络人心，唐太宗要为当朝宰相房玄龄纳妾。因为嫉妒，房玄龄的妻子对此横加干涉，死活不让。无奈之下，唐太宗下令让房玄龄之妻在喝毒酒和纳小妾之中选择一项。想不到的是，房夫人的确生性刚烈，她宁愿失去宝贵的生命，也不愿意在皇帝面前低头，更不愿意让自己心爱的丈夫纳妾。因此，她毫不犹豫地端起那杯"毒酒"一饮而尽。当房夫人含泪喝完毒酒之后，才发现杯中是带有甜酸香味的浓醋，而不是所谓的毒酒。从此之后，人们就把"嫉妒"和"吃醋"相提并论，渐渐地，"吃醋"就成了嫉妒的比喻语。在封建社会，男人娶妻纳妾是很正常的事情，所以房夫人坚决不同意丈夫纳妾的态度引起了人们的关注。而现代社会推行一夫一妻制,假如男人在外面拈花惹草,女人吃醋就成了天经地义的事情。不过,吃醋也是有讲究的。吃得不好,也许会使男人恼羞成怒,甚至破罐子破摔;吃得好,那么男人则会对女人心生爱怜,甚至加倍呵护和宠爱女人。很多聪明的女人之所以婚姻幸福美满,就是因为她们会吃醋。

其实,对于相爱的人来说,吃醋是一种正常的心理反应,是爱和关心的一种特殊形式的表现。从潜意识里来说,人们之所以吃醋,是因为害怕失去,或者是因为他本人是感情专属的人。吃醋是一种自我保护,是为了保护自己的感情不受伤害。在恋爱或者婚姻中,假如相爱的两个人之间视而不见,无论对方做出怎样的举动都毫无醋意,那么则说明他们的爱情淡而无味。很多时候,偶尔吃一回醋,也许能给琐碎枯燥的生活"吃"出一片富有别样意味的天地。不过,吃醋必须把握好度,假如不分青红皂白地天天吃醋,那么就会事与愿违。对于相爱的人而言,很多人都曾经有过吃醋的心理感受。即使两个人彼此深深相爱,也会因为某个事件而导致其中一方吃醋。聪明的女人之所以吃醋,是出于一种理性的妒忌。她们不会采取极端的手法,只会用爱来挽留爱人的心,使爱人更多地关注自己,使爱人更加留恋自己。这种女人无疑是"很会"吃醋的。相比之下,有些女人一旦打翻了醋坛子,就会不管不顾、歇斯底里,导致男人产生厌烦的心理,这种吃醋的方式是我们所不提倡的。要想使爱情圆满,要想使婚姻幸福,我们就要学会吃醋。

　　一个丈夫陪着妻子去逛街，忽然之间，一位仪态万方的年轻女子从他们身边经过，丈夫的眼神情不自禁地被那个女子牢牢地吸引住了。这时，妻子一不做二不休，赶紧拉着丈夫快走几步，在丈夫还没有反应过来的时候摸了摸女子的屁股。女子扭头大怒，妻子也乘机大骂丈夫："你这个丧尽良心的臭男人，我就在你身边站着，你居然还敢轻薄别的女人！"见状，年轻女子不由分说地就给了那个看似无辜的丈夫一巴掌，妻子心中暗自窃喜："看你以后还敢在大街上看美女！"从此以后，丈夫再也不敢和妻子一起逛街了。

　　一个女人和丈夫一起逛街，无意间发现丈夫的眼睛总是紧紧地盯着大街上那些年轻漂亮的女人，她未免心生不快。可是转念一想，爱美是人的天性，所以就理解了丈夫的本能反应。后来，等到他们再一起上街的时候，女人主动和丈夫一起欣赏和品评那些漂亮的女性："这位小姐的妆容非常清新淡雅，那位小姐的衣服特别时尚……"如此一来，丈夫感到妻子非常理解和信任他，所以便主动收敛了自己，更加体贴和关心妻子。他总是挖空心思地给妻子买一些小礼物，讨妻子的欢心，从此，他们的生活更加幸福、和谐了。

　　在第一个事例中，你是佩服"聪明"的妻子，还是同情无辜的丈夫？从这个彪悍的女人身上我们不难看出，女人一旦打翻了醋坛子，就会使整个世界都山崩地裂。90%以上的女人都曾经吃过男人的醋，不过，她们的结果却完全不同，区别就在于他们打翻醋坛子的方式不同。第二个事例中的女人才是真正聪明的女人。虽然她心生不悦，并且已经打翻了醋坛子，但是她却没有歇斯底里、不顾一切，而是乘机往醋坛子中添加了一些调味品，诸如对丈夫的信任和理解。正是因为有了这些夫妻相处的技巧，所以她才能使醋坛子倒地时发出的刺耳声音变得更加柔和，从而使丈夫主动收敛了自己的行为，对妻子产生了一种歉疚感，因而更加关心和爱护妻子。如果每个女人打翻醋坛子之后都能得到这样的结果，那么打翻醋坛子就未必是件坏事了。聪明女人会利用"醋坛子"给生活调味，让枯燥乏味的生活变得丰富多彩，让夫妻之间的关系变得更加和谐融洽，让彼此之间的感情更加深厚。

第10章

养育孩子，
是婚姻生活中不可缺少的一环

孩子，是爱情的结晶，也是维系婚姻的纽带。养育孩子就像两个人一起完成一件作品，吃、喝、拉、撒、睡，成长的教育、过程艰辛而漫长，在养育过程中，夫妻两人共同努力，有欢乐有矛盾，孩子成为两个人希望的延续。

❤ 不能因为孩子而忽略了伴侣

对于一个家庭而言,新生命的出现意味着家庭变得更加完满,尤其是感情比较好的夫妻,对孩子的到来更是充满期待。不过,让他们没有想到的是,随着新生命的到来,家庭的结构也会在转瞬之间发生很多微妙的变化,他们一下子有了很多需要面对的事情和解决的问题。面对着嗷嗷待哺的幼小生命,初为人母的女人往往比爸爸有着更加深刻的体验,毕竟她经历了十月怀胎的辛苦和一朝分娩的阵痛。毫无疑问,在孩子刚刚诞生的时候,大部分的母亲都比父亲对孩子的感情更深。不过,这也引发了一个问题,即女人在享受当母亲的喜悦的同时,往往会在不知不觉间忽略了丈夫。有的丈夫能够体谅女人,有的丈夫却觉得很失落,因此,女人要在爱孩子的同时兼顾丈夫的感情需求,从而更好地关注和体贴丈夫。很多时候,男人就像孩子一样,他们会无意识地和新生婴儿争风吃醋,想要得到更多的关注。所以,不管那个呱呱坠地的生命是怎样牵动着女人的心,女人也应该考虑到丈夫的情感需求,毕竟,夫妻关系是婚姻幸福的基础,是孩子拥有一个幸福和谐的成长环境的保障。

女人必须要意识到一点,在家庭中,父亲和母亲的关系是最基础的关系,是维持伴侣身份的必要前提。如果没有良好

第10章 养育孩子，是婚姻生活中不可缺少的一环

的夫妻关系，伴侣关系提供的力量就会很弱，就不利于父母给孩子创建一个幸福和谐温馨的家庭。只有在由良好的夫妻关系支撑起来的家庭中，孩子才能够感到有保障。换言之，即使你认为孩子对你而言至关重要，但假如你因为过多地关心孩子而无法与丈夫建立并维持良好的和谐关系，那么，从某种意义上来说，这也不是一个成功的母亲。一个成功的母亲，不仅能够给孩子全心全意的爱，还能够给予孩子一个幸福美满的家庭，使孩子健康茁壮地成长。对于女人来说，不管再怎么爱孩子，也要关注自己的老公，因为与老公搞好关系是爱孩子的表现之一。

芊墨有一个1岁多的儿子，为了照顾孩子，她辞去了很好的工作。芊墨说自己特别累，没有孩子之前，她也是个孩子。如今，她却必须全权负起照顾孩子的重任，每天都如履薄冰。因为没有照顾孩子的经验，孩子小的时候经常生病，这使芊墨患上了严重的神经衰弱。每天，她要把孩子每次吃了多少毫升的奶、大小便的时间和次数都一一记录下来。看到孩子偶尔咳嗽了，或者流鼻涕了，她就非常紧张，生怕孩子冷了、饿了、热了，或者是哪里不舒服了。为了照顾好孩子，芊墨每天都和孩子一起起床、一起睡觉，如此一来，她几乎没有时间和老公交流了。老公唯一的作用就是帮孩子冲奶粉、准备洗澡水和铺床等。因为白天太累了，芊墨晚上一上床就睡着了。对于老公的需求，她丝毫提不起兴趣，有的时候老公想和她亲热亲热，她却在睡眼蒙眬中以劳累为由推掉了。一直以来，她觉得老公

应该和自己一样以孩子为重,丝毫不觉得这有什么不妥,直到老公一本正经地对她提意见,让她考虑一下彼此之间的关系。

听到老公的意见,芊墨非常惊讶:"我们的关系怎么了?我这样操劳,还不是为了咱们共同的孩子,为了这个家?为什么你作为男人就不能多体谅我一些呢?"

其实,芊墨遇到的问题很多女人都曾经遇到过。对于原本如胶似漆的小夫妻而言,一旦有了孩子,家庭结构就会发生很大的变化,生活中会突然有大量的事情铺天盖地而来,光是为了那个小人儿,就足以把大家弄得人仰马翻。作为丈夫,肯定面临着更大的经济压力和更沉重的家庭负担,作为妻子,则突然间失去了自我,不得不把自己所有的时间和精力都花费在孩子身上。夫妻二人每天都忙得筋疲力尽,交流自然会越来越少,导致属于彼此的空闲时间变得几乎为零。芊墨的丈夫还算是一个负责任的男人,至少他能够意识到这样的家庭生活是不妥的,并且主动请求和妻子一起寻求解决之道。有很多男人面对这种情况的时候,会情不自禁地到别处寻找心灵的抚慰和寄托。所以,女人应该提高警惕,时刻牢记既要爱孩子,也要爱丈夫。

❤ 夫妻教育观念要保持一致

有孩子的人都知道,在养育孩子的问题上,夫妻之间很容易发生争执和分歧。有的时候,甚至会演变成为一场家庭战争。其实，夫妻之间原本就是完全不同的陌生人，根本不可能做到绝对一致，所以在教育孩子这种大问题上存在不同的意见也就是正常的了。从某种意义上来说，教育孩子的时候有不同意见是好的，因为大多数人都没有做父母的经验，有不同的声音可以开拓人们的思维，使人们在考虑关于孩子教育的问题时能够更加周到全面。有的时候，人们的思维会受到一定的局限，不同的声音和意见恰巧能够使人们形成发散性思维，也许会有意外的收获呢！

尽管如此，夫妻还是应该在教育孩子的问题上达成一致，而且切勿当着孩子的面就教育问题发生争执。很多时候，我们会发现，孩子瞠目结舌地站在一边，而父母则面红耳赤地争吵着，全然不顾孩子的感受。这么做的结果会使孩子不知所措，不知道该听谁的。在教育孩子的问题上，最好的方法是夫妻之间先在私下沟通，等到达成一致、形成共识之后，再和孩子沟通，使孩子按照双方都觉得合适的道路发展自己。当然，假如孩子大了，除了要夫妻之间取得一致，还要征求孩子的意见，考虑孩子的心理需求。

人们常说："三岁看大，七岁看老"，意思就是说孩子小时候形成的一些品德、性格和习惯，将会影响孩子的一生。细想起来，对于大多数人来说，那些至关重要的习惯品行的确都是在7岁正式入学以前养成的，而且，他们在学前所受的教育很大程度上都源于生活，来自父母的言传身教。所以说，生活就是教育，父母必须注意自己的一言一行，因为这些都将对孩子的一生产生深远的影响。由此可见，家庭教育对于孩子的一生至关重要，作为家庭教育的承担者——父母，必须在教育孩子的问题上达成一致。

王献之是王羲之的第七个儿子，天资聪颖，很擅长草书隶书，而且也喜欢画画，他七八岁时就开始跟父亲学习书法。有一次，王羲之看献之正在聚精会神地练习书法，就悄无声息地走到他的背后，突然伸手去抽献之手中的毛笔。想不到，献之握笔很牢，父亲没能抽掉献之的笔。见此情形，父亲非常高兴地夸赞说："此儿后当复有大名。"听了父亲的话之后，小献之心中窃喜。又有一次，羲之的一位朋友让献之在扇子上写字，献之挥笔就开始写，不小心滴下墨水污染了字，小献之非常聪明，赶紧画了一只栩栩如生的小牛。众人不由得对其赞不绝口。渐渐地，小献之开始骄傲了。见此情形，王羲之夫妇若有所思……

一天，小献之问母亲："我只要再写上3年就能够学有所成了吧？"妈妈一语不发地摇摇头。献之接着问："那么5年总可以了吧？"妈妈还是摇头。献之急了，说："那您说到底要多久？""你必须记住，只有写完院里的18缸水，你的字才能有血有肉、有筋有骨。"献之一回头，发现父亲站在他的背后。他虽然心中不服，但是却咬牙又练了5年。他把自己辛辛苦苦写好的字给父亲看，想不到的是，父亲非但没有夸奖他，反而一个劲儿地摇头。掀到一个"大"字，父亲随手在"大"字下添了一个点，就把其他字稿全部都退还给了献之。

小献之心中还是很不服气,又把自己所有的习字抱给母亲看,问:"我又苦练了5年,并且全都是按照父亲的字样练的。您觉得我和父亲的字还有什么不同?"母亲非常认真地看了3天,把献之所有的字都看了一遍,最后指着王羲之在"大"字下加的那个点儿说:"吾儿磨尽三缸水,唯有一点似羲之。"

献之听后彻底泄气了,说:"难啊!我什么时候才能有所成就呢?"母亲见他已经不再骄傲了,所以鼓励他说:"孩子,只要功夫深,铁杵磨成针。你只要像这几年一样坚持不懈地勤学苦练,就一定能够成功!"

献之在母亲的鼓励下继续锲而不舍地苦练下去。功夫不负有心人,当他用尽了18缸水的时候,终于在书法上取得了突飞猛进的进步。后来,王献之的字练到了力透纸背、炉火纯青的程度,和父亲一起被人们称为"二王"。

当发现献之存在骄傲自满的情绪之后,王羲之和妻子达成了共识,用了整整几年的时间才把献之身上的傲气打磨掉。正是因为他们夫妇在教育孩子的问题上达成了一致,所以献之才在书法上取得辉煌的成就,与父亲一起被人们并称为"二王"。

♡ 言传身教是最高明的家教

在教育孩子时,父母唠唠叨叨地说教,未必有一次言传身教效果好。相信很多人都对中央少儿频道的孝心公益广告印象深刻：临睡前，一个小孩子和妈妈正准备睡觉，突然，妈妈告诉小孩子等一会儿，然后，妈妈就走出了房间。小孩子等了一会儿，但是妈妈还没有来，因此，小孩子推开门想去找妈妈，她却看到妈妈正在给奶奶端洗脚水洗脚。此时，小孩子看着妈妈，突然也转身去端了一盆洗脚水给妈妈洗脚……从这个感人至深的广告上，我们不难领悟到一个道理，即父母的实际行动给予孩子的影响是非常大的。在教育孩子的时候，父母只有以身作则，言传身教，才能成为孩子的好榜样！

孩子来到这个世界上的时候就像是一张白纸，父母为他添加什么样的色彩，他就将拥有什么样的人生。很多父母虽然意识到了这一点，也充分重视了对孩子的教育，但却没有从自身做起。在现实生活中，我们经常会看到一些父母对孩子要求很严格，诸如要求孩子每天晚上都早点儿洗漱睡觉，但是父母自己去守着电视看到深夜，如此一来，父母在孩子的心目中有何威严可言呢？还有些父母要求孩子认真学习，自己却呼朋唤友地在家中打麻将，试问，孩子没有一个好的学习环境，如何能静下心来学习呢？细心的人会发现，父母有什么样的生活习惯，孩子往往就有什么样的生活习惯。如果父母爱看电视，孩子必然也爱看电视；如果父母爱看书，孩子必定也喜欢阅读；如果父母趣味高雅，喜欢欣赏音乐，那么孩子也肯定会在父母的熏陶下有一定的音乐素养；如果父母喜欢运动，喜欢旅游，孩子必然也会喜欢四处走走看看，拥有健康的体魄。这就是父母对于孩子的言传身教的作用。父母一定要严格要求自己，才能成为孩子的好榜样，才能在孩子心目中树立自己的威信，从而更好地教育孩子。

张浩然特别喜欢吃橘子，尤其是小蜜橘。有的时候，他一口气可以吃五六个小蜜橘。虽然吃橘子容易上火，不过看到张浩然的肚子能够经得起橘子的考验，从来没有任何不适，所以妈妈也就不限制他了。一次，张浩然和妈妈一起去看望爷爷奶奶，妈妈顺道买了他最爱吃的小蜜橘带给爷爷奶奶。一到了爷爷奶奶家，张浩然就拿起小蜜橘准备吃，这时，恰巧爷爷过来了。于是，妈妈对张浩然说："宝宝，给爷爷拿个橘子吃。"张浩然看了看妈妈，又看了看自己手里的橘子，最后还为难地看了看爷爷，最终说："妈妈，给你吃橘子！"妈妈知道在好吃的橘子面前，张浩然肯定是觉得妈妈和自己更亲，所以选择给妈妈吃。看着他舍不得的样子，妈妈故意装作很害怕的样子说："爷爷是长辈，你都不给爷爷吃，我可不敢吃！"张浩然一副不解的样子，妈妈则皱着眉头非常严肃地说："有了好吃的要先孝敬长辈，你不给爷爷吃，却给我吃，那我岂不是不孝顺了吗？！"张浩然看了看妈妈，又扭头瞅了瞅爷爷，说："爷爷，给你吃橘子！"妈妈微笑着看张浩然走到爷爷面前，对爷爷说："爷爷，给！"爷爷赶紧接过橘子，高兴地说："然然，真乖，真是个孝顺的小孙子！"张浩然笑眯眯地回到妈妈身边，妈妈赶紧问："爷爷夸你孝顺，你很开心吧？"张浩然点点头，妈妈继续说："妈妈就知道你是个有礼貌还孝敬老人的好孩子！妈妈给你讲个故事吧，想听吗？"张浩然赶紧说:"想听,想听!"借着这个言传身教的机会,妈妈给张浩然讲了孔融让梨的故事。果然,从此以后,张浩然不管有什么好吃的都先想着给爷爷奶奶吃,他成了一个非常孝顺懂礼的好孩子!

因为妈妈的言传身教,使得张浩然更加深刻地理解了要孝敬老人的道理。妈妈还借机讲了一个孔融让梨的故事,使自己的教育取得了更好的效果。作为父母,我们都要学习事例中妈妈的做法,抓住生活中的很多细小事情对孩子进行言传身教,成为孩子的好榜样!

冷静对待叛逆期的孩子

随着社会的进步和发展,人们的生活水平不断提高,孩子不再出现从前营养不良、缺铁缺锌等状况,而代替它的是营养过剩,滥用补品等导致的孩子提前发育、内分泌失调等症状的出现。虽说现代医疗条件相对先进,孩子得病不再是什么大不了的难题,然而过早地进入青春期对于孩子来说却并非好事。科学研究发现,现在电视、电脑或影碟儿童内容的成人化,是促使儿童青春期提早到来的原因,而孩子的叛逆心理与青春期的到来密不可分。

由于独生子女在婴幼儿时期自我意识加快觉醒,越来越多不到两岁的孩子已经有逆反情绪,而这个年龄比前几年提前了近一年。一项针对1000多户的家庭调查显示,2~4岁的幼儿中，有80.2%已有相当强的自我主张意识，5%~15%的学龄儿童都有逆反、叛逆行为的征兆。这也是心理学上所讲的儿童第一反抗期。处在这一反抗期的孩子多半因为年龄小，不会造成家长太大的困扰，当然这种叛逆也是孩子自我意识的一种觉醒。

处于第一反抗期的孩子，正是自我意识萌发的时期，而且孩子在这个时期的叛逆行为和孩子们的教养方式有关。现在家庭中大人与孩子常常是4对1或者是6对1，这样的家庭成员比例更要避免孩子的唯我独尊。家长可以通过改变自己的教育方式来改变孩子的性格和气质。孩子在这个时期，对于家长命令式的口吻感到反感，什么事情都开始有了自己的主张和意见。所以家长常常会在这段时期感到以前很听话的孩子突然之间变得非常不听话，事事和自己作对，这正说明孩子长大了。对于这样很不听话的孩子可以采用比较委婉的方式提醒他应该做什么什么了，事事多和孩子商量商量，这样孩子会觉得自己获得了和成人一样的待遇。比方在家中玩游戏的时候，该洗手吃饭了。就可以提前几分钟分钟告诉孩子，我们马上就要吃饭了，你再玩5分钟就收拾玩具然后洗手吃饭。这样做不至于突然中断孩子的游戏，给了他一定的心理准备时间。并且不使用命令的口气叫孩子吃饭，而是充分信任孩子的自我管理能力。这样孩子会很愉快地去洗手吃饭的。

心理学家说："十一二岁到十四五岁的少年，通常处于读初中时期，由于这个时期的孩子心理发展极其复杂、充满矛盾，容易出现一些带有叛逆色彩的思想和行为。故有人称之为'困难期''危机期'。"

楠楠今年10岁，上小学三年级，平心而论他是个聪明、机敏的孩子，就是爱出风头、引人注意，喜欢事事以自己为中心，有一定的叛逆心理倾向。课堂上老师在讲台上一句话还没说完，楠楠已经利索俏皮地把下半句补充完了，惹得全班同学哄堂大笑，老师瞠目结舌，他却在得意地望着天花板。为了提醒他注意，老师只好让他站着上课。站就站，楠楠好像巴不得站着听课呢。类似的事不止一次。有一次让老师也忍无可忍：课堂上老师在精心授课，同学们在认真地听，而楠楠又在时不时地插科打诨，开始还是小声嘀咕，老师知道他的毛病，越关注越来劲，便故意不理他，后来楠楠见没有引起同学们更多的关注，便渐渐地加大了声音，把同学们的注意力又吸引到他身上，终于，老师发火了，严厉地要求楠楠离开教室，不要影响其他同学听课，而楠楠却似乎理直气壮与老师对峙，反而要老师出去，同学们愕然。当然，这堂课没有继续下去。正因为如此，楠楠的妈妈已经是第无数次被老师请到学校做单独交流了。她不明白自己的儿子怎么和别的孩子不一样，总给自己惹麻烦。

楠楠现在所处的时期被心理学家成为"第二反抗期"。儿童经历了三四岁的第一反抗期之后，在11~15岁还会经历人生中的第二反抗期，这一时期孩子的叛逆多半来自与父母的矛盾冲突，主要表现就是对社会地位不满。由于"成人感"的形成，自以为已经成人，要求具有和成年人相当的社会地位和决策权，不满从属地位，更反对权威式的干涉，当独立意识受到阻碍，自主性被忽视或受到妨碍时就会引起反抗，容易出现一些过激言行，甚至是叛逆行为。

这个时期的孩子，生理发育快，表面上看已经和大人一般，但是他们的心理发展速度却是缓慢的，由于内在和外表的不平衡很容易导致他们心情低落，有些自我调节能力比较弱的孩子，就更容易产生矛盾心理，从而做出某些过激的举动以引起周围人对他的关注和关心。这个时期也是孩子的心理断乳时期，父母要在精神上给予孩子更多的支持和保护。

家长在孩子成长过程中，要多参与孩子的活动并进行平等的交流，作为两代人，成年人和孩子本身就存在着代沟，如果不经常沟通，这种代沟就会随着时间的推移越来越大。孩子觉得父母不理解自己，父母则认为孩子越来越不听话，当然家长过于溺爱孩子和对孩子过于严厉也都可能引起孩子的叛逆。

应对提前叛逆期孩子的6个原则：

（1）和孩子进行不限制主题的谈话，做"可被询问"的父母；

（2）避免对你看来愚蠢、天真的问题或谈话加以羞辱或嘲笑；

（3）接纳子女的感受。只要他们的行为没有违反一些底线，不要横加干涉；

（4）当子女讲话时，你要全神贯注，不要看书报、电视或忙别的事；

（5）鼓励孩子参与家庭的决策，并一起合力完成；

（6）对孩子小小的成功也要表扬，让他们自信地面对生活。

爱孩子，给孩子一个期望

罗森塔尔是美国心理学家，1966年他做了一项关于学生对成绩期望的试验。他在一个班上进行测验结束后将一份"最有前途者"名单交给了校长。校长将这份名单交给了这个班的班主任。8个月后，罗森塔尔和助手再次来到这个班上时，名单上的学生成绩大幅度提高。

同学们成绩提高的秘诀很简单，因为老师更多地关注了他们。每个孩子都可能成为非凡的天才，但这种可能的实现，取决于父母和老师能不能像对待天才那样去爱护、期望、珍惜这些孩子。孩子的成长方向取决于父母和老师的期望，简单地说，你期望孩子成为一个什么样的人，孩子就可能成为一个什么样的人。

曾经看到过这样一个故事，让人感动之余也多了一份思考。

第一次参加家长会，幼儿园的老师说："您的儿子有多动症，在板凳上连三分钟都坐不了，你最好带他去医院看一看。"

回家的路上，儿子问她老师都说了些什么，她鼻子一酸，差点流下泪来。因为全班30位小朋友，唯有他表现最差；唯有

第10章 养育孩子，是婚姻生活中不可缺少的一环

对他，老师表现出不屑，然而她还在告诉她的儿子："老师表扬你了，说宝宝原来在板凳上坐不了1分钟，现在能坐3分钟。其他妈妈都非常羡慕妈妈，因为全班只有宝宝进步了。"

那天晚上，她儿子破天荒吃了两碗米饭，并且没让她喂。

儿子上小学了。家长会上，老师说："这次数学考试，全班50名同学，你儿子排第40名，我们怀疑他智力上有些障碍，您最好能带他去医院查一查。"

回去的路上，她流下了泪。然而，当她回到家里，却对坐在桌前的儿子说："老师对你充满信心。他说了，你并不是个笨孩子，只要你能细心些，会超过你的同桌，这次你的同桌排在第21名。"

说这话时，他发现儿子黯淡的眼神一下子充满了光，沮丧的脸也一下子舒展开来。她甚至发现，儿子温顺得让她吃惊，好像长大了许多。第二天上学，去得比平时都要早。

孩子上了初中，又一次家长会。她坐在儿子的位置上，等着老师点她儿子的名字，因为每次家长会，她儿子的名字在差生的行列中总是被点到。然而，这次却出乎她的预料，直到结束，都没有听到。

她有些不习惯，临别去问老师，老师告诉她："按你儿子现在的成绩，考重点高中有点危险。"

她怀着惊喜的心情走出校门，此时她发现儿子在等她。路上她扶着儿子的肩膀，心里有种说不出的甜蜜，她告诉儿子："班主任对你非常满意，他说了，只要你努力，很有希望考上

重点高中。"

高中毕业了。第一批大学录取通知书下达时，学校打电话让她儿子到学校去一趟。她有一种预感，她儿子被清华录取了，因为在报考时，她对儿子说过，她相信他能考取这所大学。

她儿子从学校回来，把一封印有清华大学招生办公室字样的特快专递交到她的手里，突然转身跑到自己的房间里大哭起来，边哭边说："妈妈，我知道我不是个聪明的孩子，可是，这个世界上只有你能欣赏我……"

这时，她悲喜交加，再也按捺不住十几年来积聚在心中的泪水，任它打在手中的信封上……

这个故事带给我们感动之余，更多的是启发了我们对教育的思考。一个被老师放弃的孩子，在母亲的鼓励和期盼中，渐渐强大了自己，最后达到了很多常人不可及的高度，可以说这是一个奇迹，而促成这个奇迹发生的无疑是妈妈的爱和她给予孩子的希望。

人们总是说，孩子是娘的心头肉，无论孩子再怎么不好，父母也会尽自己的全力去爱孩子，而往往我们看到的，却并非如此。很多家长一心希望孩子为自己争气，孩子稍有调皮或不听话，不是大声责骂，就是把孩子数落得一无是处。试想这样的话听多了，不要说孩子，就是成年人也可能会觉得自己真的是一个没用的人，如果你从一开始就对自己的孩子不抱希望，那么孩子的落后只能怪你没有给孩子一个合理的期望。

第10章 养育孩子,是婚姻生活中不可缺少的一环

现实生活中,很多身为妈妈的女人都很自立,不仅要上班、照顾孩子的生活起居,还要做家务,尤其是老公出差的时候,所有的活都落在自己身上,辛苦自是不必言说的。然而这里面孩子并没有任何过错,你不能遇到孩子正在做作业,还把很简单的题做错了,就好像炸药包的导火索突然被点着了,瞬间就把怒火发在了孩子身上:过去给他一巴掌,捶他一拳,或者是脱口而出的像洪水一般的指责:"做事情怎么这么不用心?是你的作业还是我的?你给我做作业呢?老师教的你都不会,我咋会?明明给你讲过三加二等于五,怎么能够等于四?一点心都不用,你能干得了什么……"噼噼啪啪一顿吼,孩子一下受到责骂,大气不敢喘,边哭边做作业,心里不知是个啥滋味。

这样的妈妈真是让人又爱又恨,为了家庭付出了很多,自己觉得压力大又疲惫,可是这种乱发火的脾气若是不改改,给孩子幼小的心灵蒙上阴影,就得不偿失了。孩子就是孩子,他们正处在身体和思想逐渐成长和成熟的阶段,很多家长光注重照看孩子的身体,却忽视了一个人思想的形成也是需要引导和补充各种有益的营养的。什么是有益的营养呢?期望就是。家长对孩子的希望,不单单是希望孩子成为一个怎样的人,更重要的是,你把对孩子的信任和包容统统放到希望里,一起给了孩子。有了父母的信任,有了父母的包容,有了一种使命感,有了强大的后盾和踏实感,孩子想学坏都难。

所有的孩子都是上天赐予人们的宝贝,对于孩子的成长,

我们是否应该更多地去引导，去相信，去期望？给孩子一个动力，他定会勇敢前行，让孩子成长的道路上时刻有期望的陪伴，相信孩子，你所期望的一切他都可以做到。

爱孩子，给孩子一个期望，你的信任才能拉近心与心的距离，才能架起沟通的桥梁。因为爱，孩子才能从你的微笑中读懂赞扬与提醒，从你抚摸他的头发这个小动作中读出鼓励和期待。因为爱，孩子才愿意将很多小秘密或是高兴事与我们分享，才会在一个人在家的时候打来电话诉说心中的恐惧。也是因为爱，你满心喜悦地看着他们一天天长大、长高，心灵更温暖、更坚强。有爱才有期待，有了父母的殷殷期待，你的孩子才有可能走向光明的未来。

给孩子多些温暖的鼓励

谈起教育孩子，不得不说说"南风效应"，什么是"南风效应"呢？这里面有个很有意思的小故事：

北风和南风是一对兄弟，北风刚烈而强壮，南风温柔而较弱，一天，北风非要和南风打赌，看谁的力量更强大，他们决定比谁能把行人的大衣脱掉，从外表看，似乎南风必输无疑。然而结果却出乎意料，北风无论怎样猛烈地吹，行人只是将衣服越裹越紧；而南风只是轻轻拂动，人们就热得敞开大衣了。这就是伟大的"南风效应"。

"南风效应"告诉人们温暖柔和的引导有时候比猛烈强硬

第10章 养育孩子，是婚姻生活中不可缺少的一环

的教训更有作用，更能快速达到自己想要的结果。人们把这种效应运用到对孩子的教育上，目的是告诉父母，宽容和赞扬往往比严厉的批评更容易让孩子接受，也能比较好地达到教育孩子的目的。

那些个性严肃、不苟言笑的父母，那些一味批评自己孩子的父母，最终会发现孩子越来越听不进他们的话。每个孩子都有可能犯错误，父母要容忍孩子的缺点，客观、理智、科学地处理日常生活中出现的各种问题，体谅孩子的同时，从自身入手做好自己的修养工作，这样才能够更加好地教育孩子。

因此，古人常讲要"取人之长，补己之短"，儿童在成长时期还没有足够的能力分辨自己的优势和缺点，这就要求家长和老师给与引导和帮助，不能因为自己思想的局限性就一竿子打死孩子的积极性。有些孩子语言能力比较突出，因而语文、英语等课程比较优秀；有些孩子空间视觉能力突出，他们往往对画画、摄影等感兴趣；也有的运动能力突出，常参加体育活动，好好培养的话说不定能成为世界冠军。孩子的长处各有不同，家长要通过鼓励、表扬等柔和的方式来进行引导，帮助孩子找到自己的优势。

通过一只小牛的故事，可以更好的看到这一点：

在草原上，有个牧民，养了很多牛，其中有大牛也有小牛。有一头小牛很倔强，经常不听牧民的命令，想离群跑开就跑开，想跟着牛群入草场就入草场。牧民有时觉得它很可爱，有时也非常讨厌它，觉得它实在是一头倔强的小牛，打算在它

再长大一点后，就把它卖掉。

有一天晚上，牧民放牧回来，小牛又在牛栏外倔强起来，无论牧民怎么鞭打它，它都一动不动，就是不按牧民的意思走进牛栏。牧民累了一天，心情烦躁起来，一边鞭打着小牛，一边暗暗地下定了决心：如果它还是这么倔强，就只好把它杀掉。牧民已经对管理、放牧小牛失去了信心。这时，牧民的母亲从帐篷里走出来，看了看倔强的小牛，拦住了牧民的鞭子。

牧民的母亲走到小牛身边，轻轻地抚摸了它一下，把自己的一根手指放到小牛的嘴边。小牛以为是自己妈妈的乳头，就跟着那根手指一路往前走。牧民的母亲轻轻松松地往前走，小牛开开心心地跟着走，一路走进了牛栏。牧民不禁看傻了眼，简直不敢相信面前发生的事情是真的。

世界上没有真正不好的孩子，而是你还没有发现他的好。作为父母，应该多向牧民的母亲学习：牧民只是站在自己的立场上想问题，觉得天黑了，自己又这么累，所以要尽快地把小牛赶进牛栏。他并没有想过小牛的感受，若是他一味地用皮鞭驱赶小牛，恐怕最后小牛不但进不了牛栏，还很可能踢伤他然后跑掉。牧民的妈妈的做法显然温柔得多，她不仅站在小牛的立场上去想问题，还让小牛找到了妈妈的感觉，这样温馨安全的环境，谁会不喜欢呢？何况一只小牛。

每个孩子在出生的时候都是一样的，然而随着和大人的接触，他们学会了大人的处事方法，学会周围人的说话方式，上学之后，可能听话的孩子就会认真学习，学习就会好些，调

第10章 养育孩子，是婚姻生活中不可缺少的一环

皮的孩子不用功，成绩自然差些。但是这并不能说听话就是好的，调皮就是不好的，你想让孩子怎样发展，关键还是要看你的引导。

有这样一对父母，他们都是国标舞的爱好者，每天都会约朋友一起去疯狂一下，自己出去玩，留下孩子自己在家，孩子的时间安排就成了不小的问题。但是孩子的妈妈非常有心，每次朋友去家里等他们，她便会和女儿商量："孩子，我和爸爸陪叔叔去跳舞可以吗？""当然可以。你们放心去跳舞吧，我会管理好自己的"。接着话茬，孩子的妈妈会把女儿表扬一通："我们家的月月就是棒，每天晚上都会安排好写作业、听音乐、做体操和休息的时间……"一般都是没等妈妈把话说完，孩子就催着他们赶快去跳舞了，而且她真的把自己的时间安排得妥妥当当。孩子在一次次的表扬中得到快乐、激励和自信，这些鼓励的话就像是源源不断地注入孩子体内的能量，使孩子在走向优秀的路上充满了动力。

好孩子是夸出来的，这句话绝对可信，但是很多人会说却很少有人能够做到。生活中，对孩子的抱怨多于赏识的事情比比皆是，这也正是教育失败的重要原因。在中国，绝大多数孩子从小就被教育要考大学、读研究生，好像是学历越高优势越大。我们承认，在某个阶段，学历的确可以帮助一个人更好地工作和生活，然而并非所有人都适合这个模式。改革开放之后，多少没有文化的人下海经商，却成为了那"一部分先富起来"的人，学问是要帮助我们更好地生活，而不是成为我们的

负担。"捡了芝麻,丢了西瓜"的人被大家嘲笑,而大家却在生活中一再上演这幕"笑剧"而不自知。

有事没事多夸夸孩子,绝对比你苦口婆心的教育要有效果,这种柔和的引导方式不会造成孩子的反感,也不会伤害到父母和孩子的感情。每个孩子都有自尊心,你的激励使他们的自尊心增强,上进心增强,久而久之,孩子想不优秀都难,因为他始终处于进步状态。"好孩子,夸出来",做个聪明的家长,让孩子快乐一点!

夸奖孩子是督促他们进步的一种方式,而给孩子一个好的学习榜样也同样具有理想的效果。

明明和姐姐丽丽在同一所中学读书,在一次学校对优秀生的颁奖仪式后,妈妈对儿子说:"你看,姐姐站在台上多光荣啊,如果努力,你也能站到台上去领奖。"这对明明是个很大的激励。一个学年下来,明明真的和姐姐一道站在了领奖台上。

给孩子找一个模仿的对象,也是鼓励的一种方式,家长要根据自己孩子的特点运用不同的夸奖方式,从而达到自己想要的效果。

第11章

学会聪明地爱和付出，让婚姻处于"保鲜期"

在婚姻里，聪明女人要学会爱和付出。婚姻需要忠诚来维护，更需要两个人一起努力才会变得更好。如果婚前婚后都计较得失，日子只会越过越狭隘，只有在婚姻里学会聪明地爱和付出，凡事糊涂点，生活才能轻松。

婚姻中的亲密关系

❤ 夫妻亲密有间，保持新鲜感

很多人在充分享受了恋爱的甜蜜之后，一旦步入婚姻，就觉得有些不适应，尤其是男人，往往会觉得失去自由，变得非常暴躁，很想挣脱婚姻的束缚恢复自由的单身生活。其实，之所以出现这种现象，主要是因为相爱的人之间没有把握好交往的度，所以才会导致一方觉得受到拘束，感觉不适。其实，不管是恋爱还是婚姻，对于情感，都需要双方用心去经营，这样才能让爱情之花保持绽放的状态，不至于提前凋零、枯萎。切记，在婚姻生活中，不要因为一味地追求自我而忽略突破，不然，婚姻之路就会越走越狭窄。

男人既是一种视觉动物，也是一种野生动物。他们对异性的感知首先来源于眼睛，他们喜欢用眼睛去观察异性，从而受到刺激，导致心情开始莫名其妙地兴奋起来，产生本能的冲动，使身体释放出更多荷尔蒙。这是男人喜欢靓丽女人的重要原因之一。然而，漂亮的女人就一定能抓住男人的心吗？答案是否定的。因为外表的取悦是暂时的，男人虽然喜欢得到视觉的享受，但是更喜欢得到自由。男人是一种野生动物，他们天生就狂放不羁，即使是美女，假如没有掌握与男人的相处之道，也会使男人不由自主地想要逃离。即使是再美丽的外表，如果天天看，也会日久生厌。所以女人应该提升自己的内在，多多了解男人的心理，掌握与男人的相处之道，给予男人足够自由的空间，这样女人才能保持对男人的吸引力，使男人情不自禁地围绕在自己的身边。与此相反，假如女人一味地纠缠着男人，使男人觉得无法喘息，那么男人就会对女人退避三舍，甚至仓皇而逃。用一句话来说，亲密有间才能进退自如。

那么，除了给予男人空间，女人应该如何以适度的距离保持自己对男人的吸引力呢？其一，女人要在思想上深藏不露。有的女人觉得既然相爱就要毫无保留地展示自己，其实这是错误的。假如在刚刚开始恋爱的时候就使男人对自己一览无遗，那么男人很快就会觉得你对他没有吸引力。其二，要不断地提升自己。现代社会提倡终身学习，假如男人始终在进步，而你却止步不前，那么，男人终有一天会觉得与你无话可说。其三，要给彼此一定的空间。即使是亲密爱人，也要给彼此都保留有一定的私人空间，这样才能够保持神秘感和新鲜感，使爱情长久地保鲜。总而言之，女人要想长久地吸引自己深爱的男人，就一定要与他拉开距离，若即若离，使自己在男人心目中保有一份神秘感。所谓亲密有间才能进退自如，给对方多一点空间，给自己多一分自由，也就是给彼此的感情多一分希望和期冀。

周迅和宋波是一对北漂夫妻。因为高昂的房价，他们始终没有买房。周迅是高校教师，一直住在学校的单身宿舍里；宋波在一家电脑公司从事销售工作，平日里总是天南海北地出差，租住了一间简陋的斗室作为在北京的落脚点。刚结婚的时

205

候他们就约定先不要孩子，各自还住在各自的宿舍里，这样也方便工作，等到周末或者是节假日的时候再聚到一起生活。在一个城市里，他们就像牛郎织女一样，各忙各的工作，过着单身生活。每到周末的时候，或者周迅去宋波的斗室小聚，或者宋波到周迅的宿舍团圆。起初，大家都以为他们这种游击队似的夫妻生活肯定无法长久，甚至有人还断言他们只要不买房，不出两三年就会劳燕分飞。然而，让大家瞠目结舌的是，他们的游击生活过得有滋有味，对诸如七年之痒、八年之痛这些普通夫妻必得的流行性感冒全都免疫。不久前，他们终于有钱买房了，两人商议好，入住大房之后，仍然保留各自的根据地，在工作日期间"各自为政"，等到周末和节假日的时候再开展"集团军作战"。朋友们对他们的生活既羡慕又不理解，有一个朋友在和宋波喝酒的时候忍不住问他夫妻保鲜的秘诀，宋波神秘地笑了笑，说："距离产生美，距离也是一种爱。"原来，他们的婚姻之所以能够保持激情，就是因为这种两地分居的牛郎织女生活。

当然，我们并非提倡大家都像周迅和宋波一样过着牛郎织女的生活。不过，对于普通夫妻而言，适当地过一下牛郎织女的生活，对提高夫妻生活的新鲜感和欣喜感有很大的好处。毕竟，日久天长朝夕相处很容易使人们产生审美疲劳，适当的分别则可以使彼此体味到思念的感觉。亲密有间的夫妻更容易保持新鲜感，这已经是不容争辩的事实。每对夫妻都应该根据自己的实际情况，做到亲密有间，这样才能进退自如。

第11章 学会聪明地爱和付出，让婚姻处于"保鲜期"

♡ 最适合的相爱的距离

　　人们在恋爱的时候总是一日不见如隔三秋，然后，等到真正步入婚姻的殿堂朝夕相处、地久天长的时候，却又开始留恋和怀念单身时代的美好时光。这种纠结和矛盾的心态是因为得不到的总是好的吗？其实不然。不管是男人还是女人，都需要保留自己的私人空间。很多人觉得相爱就要亲密无间，毫无保留地向对方展示自己，也无所顾忌地要求对方必须毫无保留地对待自己，这未免有些强人所难。其实，爱也是需要距离的。有一个事例很多人都曾经听说过，即刺猬取暖的故事。寒冷的冬日，两只刺猬冻得瑟瑟发抖，它们实在是太冷了，所以不得不紧紧地依偎在一起取暖，然而，它们突然之间感受到了疼痛。原来，它们靠得太近了，被对方身上的刺扎到了。于是，它们赶紧分开，离对方远远的。但是，寒冷再次袭来，使它们忘记了疼痛，又开始情不自禁地彼此靠近。如此反复几次之后，它们终于找到了一个最合适的距离，使它们既可以依偎在一起抵御寒冷的侵袭，又能够保持适度的距离，不至于被对方的刺扎到。对于彼此相爱的人而言，刺猬取暖的经验简直是太值得学习了。人们常说，相爱容易相处难，指的就是相爱的人可以为对方付出一切，甚至生命，但是却无法保证自己可以与对方相处得很好。因为，在相处的过程中，人们身上的缺点和不足会暴露无遗，使对方觉得难以接受，难以忍受。这些缺点和不足就像是人身上的刺，总是深深地刺痛对方。假如能够像聪明的刺猬一样找到合适的距离，那么就既可以相互依靠，又可以不被对方身上的刺扎到。这就是相爱的距离。只有找到最适合的相爱的距离，爱人之间才能更好地相处。

那么，什么才是合适的相爱的距离呢？就是不远不近。对于不同的人来说，因为每个人需要独处的私人空间是不一样的，所以爱的距离也是不同的。相爱是两个人的事情，因此这种距离要以两个人都觉得适宜为佳，既不要觉得太远，也不要觉得太近。也许有人会问，夫妻在同一个屋檐下生活，怎么拉开距离呢？其实，在生活中，可以有很多方式拉开彼此之间的距离。例如，两个人可以保持各自的兴趣爱好。在休息时间，每个人都可以根据自己的喜好安排自己的时间，这样一来，在交流彼此的感受时，就同时拥有了双份的快乐！再如，很多夫妻一结婚就和朋友断绝了来往，生活的圈子仅仅局限于彼此之间。这样一来，时间长了难免会觉得枯燥乏味。正确的做法是每个人都有自己的朋友圈子，开拓自己的眼界和视野，拥有属于自己的社交圈。此外，还可以借用出差或者是回娘家的时间与爱人分开一段时间，这样彼此就产生了思念，再见面的时候也许会小别胜新婚，会产生新鲜感。这些都是拉开夫妻之间的距离给婚姻保鲜的好方法，每个人可以根据自己的实际情况寻找到最适合自己与爱人的方法。

艾米留下一封信走了，这使皮特大惊失色。皮特不明白，自己对艾米这么好，几乎好得不能再好了，艾米为什么还要离开自己。打开艾米的信，皮特才了解其中的缘由。艾米在信中

第11章 学会聪明地爱和付出，让婚姻处于"保鲜期"

写道：

"亲爱的皮特，我走了，离开了这座城市，离开了你。我知道，这一定会让你伤心，但是我别无选择。我知道你很爱我，你可以为了我付出一切都在所不惜，但是，这却不是我想要的爱。在你的爱里，我时常觉得自己就像是要窒息了一般，我喘不过气，觉得特别沉重。你的爱太重了，沉甸甸地压在我的身上，有的时候，就像海水一样汹涌而来，使我觉得自己马上就要葬身海底。你时时刻刻都在关心我，即使上班时间，你也会每隔一个小时就打电话给我。你不知道，这严重影响了我的工作。每次下班你都接我，有的时候，即使没有处理完工作我也得赶紧下楼，因为我怕你等得时间太长了会着急。你虽然爱我，但是却不允许我和兄弟姐妹们交往，甚至不让我回到娘家住几天。有的时候，我很想念爸爸妈妈，但是你却觉得只要和你在一起我就不再需要任何其他人了。其实，不是这样的。我没有任何朋友，因为你不放心我和朋友一起聚会，一起逛街，所以我特别孤独。当我心中苦闷的时候，我不知道应该向谁倾诉。我走了，离开了你沉甸甸的爱和无微不至的保护，也许我会受到伤害，但是我却能够呼吸到新鲜的空气。希望你能够忘记我，找一个值得你爱的女孩好好去爱，但是要记住给她一定的私人空间，让她有属于自己的朋友和亲人，不要让她像我一样感到窒息！"

皮特很爱艾米，但是他的爱却是自私的爱，是一种占有，使艾米感到窒息。爱一个人，首先要尊重她，给她足够的空间去自由地呼吸和翱翔。假如爱使人窒息，就失去了存在的意义。艾米选择了离开，她的选择是明智的，因为这种让自己深受伤害的爱是不值得留恋的。至于皮特，他也并没有做错，遗憾的是他这种爱不适合艾米，抑或是他的爱过于强烈，他应该学会给自己所爱的人自由。总而言之，不管以哪种方式去爱，都要以使自己所爱的人感觉到舒适为原则。

♡ 别打探伴侣过去的情感隐私

在封建社会，女子往往大门不出，二门不迈，所以，女子在嫁给自己的丈夫之前几乎没有任何与异性交往的经验，甚至也没有什么社会经验。而男人呢？享受着至高无上的地位，娶妻纳妾被社会道德所允许，所以他们要想娶妾，只需要名正言顺地向妻子提出来就可以了，根本无须隐瞒。因此，在那个时候，恋人之间或者说是夫妻之间是没有情感隐私的。然而，随着社会的发展，女人的地位越来越高，她们可以像男人一样在社会上打拼，与形形色色的人接触，再加上婚姻自由自主的推行，所以女人们和男人们全都享有了自主选择爱人的权利。这样一来，几乎每一个男人或者是女人都有了自己不为人知的情感隐私。那么，当你爱上了一个人的时候，你该如何对待他的情感隐私呢？是打探出来用以折磨自己的心灵，还是佯装不知，把握此刻的幸福？毫无疑问，第二种做法是更为明智的。每个人都有自己的情感经历，对于过去的事情，现在的恋人不

第11章 学会聪明地爱和付出，让婚姻处于"保鲜期"

应该过多地过问，毕竟过去的已经过去了。而且，对于经历者本人而言，也许过去的事情是一个不愿意揭开的伤口，在这种情况下，假如还有人不知趣地去打探，只能说是自找没趣。

社会处于不断的发展变化之中，人们的感情也是随时在变化的。尽管每个人在爱的时候都想着天长地久，但是，几乎很少有人能够与自己的初恋情人幸福地度过一生。爱，就是一个不断经历不断成长的过程。所以，我们要尊重爱人的情感隐私，也许正是因为有了那些难忘的经历，他才能以如今这种成熟的形象出现在你的面前。有很多人一想到恋人曾经的往事就心如刀绞，其实是完全没有必要的。归根结底，从认识你的那一刻开始，或者说从决定与你共度一生的那一刻开始，只要他是忠诚于你的，他就是无可指责的，不管他有着怎样的过去。爱，要向前看，而不要向后看，因为没有人能够抹杀或者是改变自己的历史，包括你在内。所以，聪明的人不会随意打探恋人的情感隐私，而只会把握住现在的机会好好地去爱一场。

遇到晓雪的时候，宝钢以为自己找到了一生的挚爱。不过，晓雪刚开始的时候并没有接受宝钢的追求，因为她从心底里不信任男人。但是，宝钢并没有气馁，他始终锲而不舍地追求晓雪，并且央求晓雪给自己一个机会。也许是精诚所至，金石为开吧，晓雪终于答应尝试着和宝钢相处。宝钢确实对晓雪很好，他时时处处都站在晓雪的立场上为晓雪着想，把晓雪照顾得无微不至。而且，宝钢对晓雪的父母也特别好，使晓雪的父母对他也特别满意。在父母的催促下，原本还非常迟疑的晓雪最终接受了宝钢，并决定嫁给他。

宝钢欣喜若狂，他觉得自己是天底下最幸福的人。结婚之后，晓雪善良贤惠，不仅把家里的事情处理得井井有条，而且非常孝顺公婆。宝钢对自己所有的朋友说，他这辈子最幸福的事情就是娶到了晓雪。随着生活的时间越来越长，宝钢和晓雪之间也越来越了解。一天晚上看电视的时候，宝钢突然问晓雪："你以前的男朋友是个什么样的人？"晓雪的脸色突然变了，她一句话都没说就回到了卧室。宝钢不知道自己哪里错了，追到卧室问晓雪："你看，我都把我之前的初恋讲给你听了，你为什么不能把你以前的事情告诉我呢？"晓雪淡淡地说："过去的都过去了，我的人生是从认识你才开始的。"宝钢心中很疑惑，不过他没有继续问下去。一个偶然的机会，宝钢问岳父岳母晓雪以前的事情，岳父岳母也讳莫如深，这使宝钢更加疑惑了。终于，他从晓雪的大学同学林倩的口中打听到了事情的真相。原来，晓雪曾经与一个大学同学有过同居的历史，因为那个男生瞒着晓雪在外面有了情人，所以晓雪坚定地与他分手了。得知这个消息的时候，宝钢简直像遭受了晴天霹雳。回到家里，他一言不发，晓雪则不知所以。看着丈夫反常的举动，晓雪终于知道了事情的原委。晓雪的自尊心很强，她不愿意丈夫每天都想着这件事情，更不愿意自己今后的人生笼罩在这件事情的阴影之中，所以向宝钢提出了离婚。

直到失去晓雪之后，宝钢才意识到晓雪的好。他非常怀念以前的生活，然而，一切都再也回不去了！

其实，对于相爱的两个人来说，最重要的就是今生今世、此时此刻和未来。如今，婚恋观念开放了，人们对待婚姻的态度更加自主，所以离婚的人、婚前同居而又分手的人越来越多，每个人都有不想被别人知道的过去。既然一个人想把过去埋藏在自己的心里，就说明他不愿意提起这件事情，抑或是他已经彻底脱离了之前的生活。假如你爱一个人，最重要的是把握现在的幸福和美好的未来，而不是纠结于爱人的过去，难道你没有过去吗？即使你没有过去，你也应该尊重爱人的过去。这样，才能够更好地与爱人相处。

♡ 给伴侣足够的自由和隐私空间

在生活中，很多人觉得只要两个人相爱了，就应该亦步亦趋地像一个人一样，同时出现在任何场合；还有人觉得相爱的人之间应该毫无保留，没有任何秘密，这样才算得上是真正的爱；甚至还有的情侣会合用一部手机，而这给两个人的交往带来了很多困扰。其实，这些想法和做法都是错误的。对于相爱的两个人而言，即使再亲密，也要保持适度的距离，给予对方足够的隐私空间。这样，每个人才能更好地处理感情的各项事宜，与爱人保持一种平稳融洽的关系。

在这个世界上，每个人的内心深处都有一些不为人知的小秘密。这些小秘密就像一个个精灵散布在我们的内心深处，时不时地与我们的灵魂发生碰撞。这些小秘密是只属于我们一个人的，不属于任何人。也许有人会把这些小秘密拿出来与人分享，但是大多数人却都会守着自己的秘密，一生一世。爱情，是人世间最神奇的感情，为了爱，人们甚至愿意付出自己的所有，乃至宝贵的生命。但是，真并不意味着我们可以和爱人分享自己心底里所有的小秘密。从另一方面来说，很多时候，夫妻之间会存在一些善意的谎言，或者是善意的隐瞒，这样才能更好地相处。把所有的事情都像竹筒倒豆子般地全都倒出来，并非明智之举。很多时候，因为有了善意的谎言，爱情才会变得更加美丽。所以，在两性交往的过程之中，每个人都需要有自己的隐私空间。假如一个人对爱人全方位地关注和监督，那么对方就会觉得如坐针毡，这样的爱情当然无法持久。

唐飞是桂林人，来到北京以后认识了浩铭。浩铭是土生土长的北京人，凭借着天时地利人和，大学毕业以后就开始自己做生意，年纪轻轻就事业有成。浩铭很爱唐飞，在交往了一年多之后，他们携手走入了婚姻的殿堂。刚刚结婚，浩铭就让唐飞辞去了工作，在家里当全职太太。虽然唐飞不太乐意，但是面对着浩铭的恳求，她只好答应了。让她万万想不到的是，自从结婚开始，她就失去了自由。

浩铭的确很爱唐飞，总是带着唐飞一起出席各种各样的社交场合，并且隆重地把唐飞介绍给自己的朋友和生意上的合作伙伴。但是，唐飞却没有了任何私人的空间。有的时候，唐飞和闺蜜一起逛街，浩铭每隔一会儿就会打电话问她们到哪里了，在干什么。刚开始的时候，唐飞觉得浩铭是因为爱自己才这么关心自己的，但是，渐渐地，她发现浩铭过于在意她的行踪。有一次，唐飞和朋友一起做SPA，因为信号不好，所以浩铭打了好几个电话都没有找到唐飞。等到终于打通电话的时候，浩铭情不自禁地就开始在电话里冲着唐飞嚷了起来，质问唐飞到底去哪里了，为什么手机打不通。尽管唐飞百般解释，浩铭还是非常生气。从此，唐飞意识到自己简直失去了自由。唐飞几次想要回老家看望自己的母亲，但是浩铭却以自己工作太忙走不开为由拒绝了，唐飞不明白，为什么自己回娘家浩铭也非要一起跟着呢？！

如此过了一年多之后，唐飞觉得再也无法忍受这种生活了，决定和浩铭离婚。闺蜜们都劝唐飞："虽然浩铭把你看得很紧，但是如今这么有钱又专情的男人可不多了。你就忍一忍吧，哪有十全十美的呢！"但是唐飞的态度却很坚决，她说："我宁愿忍饥挨饿，也不愿失去自由。况且，我有手有脚，可以依靠自己生活。浩铭虽然爱我，但是他的爱却让我失去了自我。我没有任何空间，简直无法呼吸。我不想再这么生活下去了！"

不管再怎么爱一个人，也不能把他当成自己的私有财产。爱情必须建立在相互尊重的基础上，这样婚姻才能更加长久。在这个事例中，浩铭虽然很爱唐飞，但是却使唐飞觉得自己没有自由，所以唐飞才会选择离婚。从唐飞的身上我们应该看清一个道理，即不管多么爱一个人，都要给他足够的自由和隐私空间。

请信任你所爱的人

爱，离不开信任。信任是爱情的基础，如果没有信任，爱情就无法立足。在生活中，很多人原本相亲相爱，可以拥有非常完满的结局，但是他们却因为彼此之间不信任，最终导致爱情蒙上了阴影。当然，信任不是凭空出现的，所有信任都是有条件的。很多时候，人们花费了很多的时间和精力才建立起信任，但是却因为一次无意的过失导致信任烟消云散。所以，对于历经千辛万苦建立起来的信任，相爱的人一定要倍加珍惜，用心呵护。有人说爱情是一朵娇艳的花，其实，信任也是一朵娇艳的花，需要我们像爱惜自己的爱情一样去爱惜。

爱的最好证明就是信任，假如你爱一个人，就一定要信任他，千万不要疑神疑鬼、捕风捉影。当然，也许有的时候我们给予对方信任，对方却给了我们伤害。假如你的信任换来的却是对方的放荡不羁、自由放纵，那么你就要挥剑斩情丝，让其成为一匹脱缰的野马。面对这种情况，你必须知道，不懂得珍惜你的人是不可能懂得你的真爱的。信任是婚姻的基石，尤其是在充满诱惑的现代社会，人们必须依靠信任来维持婚姻。其实，不管是男人还是女人，都会有面对诱惑的时候，这个时候，要想抵御诱惑，最强大的武器就是爱人的信任。所以，我们应该信任自己的爱人，这样他才会变得越来越完美，主动地约束自己，忠于婚姻。

有这样一对恋人，早在读大学的时候，他们就是一对甜蜜爱人。但是，毕业之后，为了工作，他们相隔万里，不过，他们依然非常相爱。每天晚上，他们即使工作再忙，也会打电话给对方，或者上网联系，他们有着说不完的情话，有着道不尽的绵绵相思。在思念的煎熬之中，他们爱得既辛苦又甜蜜。

后来，男人在事业上取得了很大的发展，所以工作变得越来越忙碌。他几乎每天都要加班到深夜，和女友交流的次数越来越少，时间也越来越短。尽管如此，他对女友的爱却丝毫没有减弱。不过，远在异地的女友开始怀疑他。她想，他是不是不爱自己了，他是不是另寻新欢了……就这样，原本互诉钟情的电话时间变成了他们争吵的时间，面对女友无休无止的质疑，他一次次地解释，最终疲倦了……一天，男人主动提出了分手，他说："原本，即使再远的距离也隔不断我们的思念。但如今，怀疑却使我们无法继续沟通。爱情在你的怀疑之中已经渐行渐远了……"

因为缺少信任，一段原本美好的爱情结束了。实际上，在现实生活中，并非只有相隔万里的爱情才需要信任，每一份爱情都需要信任。只有信任，爱情才能够幸福美满；只有信任，相爱的人才能够携手渡过一个个难关；只有信任，爱情才能在时间的刻刀下历久弥新。如果没有信任，爱情就无法立足，更不可能长久。所以，信任你所爱的人吧，这是你们爱情唯一的出路！

学会在爱的时候有所保留

对于爱人，每个人都有着自己的理解。有的人面对爱情的时候有着飞蛾扑火的热情，他们不顾一切地为了爱付出自己的所有，甚至燃烧自己的生命。然而，爱情要想长久，必须细水长流，而不是在转瞬之间化为灰烬。由此可见，即使我们深爱一个人，也要有所保留，为爱的发展和持续储备力量。飞蛾扑火的爱情虽然绚烂，但是却无法长久，毕竟激情会使人像燃烧的干柴，最终成为一片尘埃。而只有理智的爱情，才能保持长久。爱情，需要冲动，也需要冷静，需要付出，也需要保留。只有达到某种平衡，爱情之火才能持续地燃烧，照亮和温暖我们的一生。站在被爱的人的立场上来看，接受一个人毫无保留的爱未必不是一种负担，因为这就意味着他也要毫无保留地付出，否则爱就会失去平衡。因此，不管是从自身的角度来说，还是站在对方的角度来说，我们都要学会在爱的时候有所保留，这样一则可以使自己拥有持续地爱的能力，二则也不至于使对方背负太沉重的心理负担。

在爱情中，大部分女人都非常感性，她们常常会不顾一切地付出和投入。有的时候，陷入爱河的女人简直就像世界上最痴傻的人，一心一意地为对方奉献出自己的所有。但是，无数的事实证明，这样的女子最终很可能会换来一个"痴心女子薄情郎"的结局。这是为什么呢？刚开始的时候，男人也许会因为女人的全身心投入而非常感动，并且会加倍珍惜女人给予他的爱。但是，随着时光的流逝，激情渐渐消退，此时，女人的痴缠对男人来说就会变成生命不能承受之重。面对女人失去自我的爱，面对女人不顾一切的爱，他开始感到厌倦。最终，为了逃离女人毫无保留的爱，他一定会冲破重重阻碍获得无爱一身轻的自由。男人就是这么奇怪。其实，不仅仅是男人，即使是女人，也未必希望男人毫无保留地爱自己，因为极致的爱就是自私的占有。所以，女人一定要学会在爱情之中有所保留，这样爱情之花才能常开不败。

　　王佳和米雪的恋爱曾经被人看成是天作之合。王佳仪表堂堂，事业有成，而米雪温柔大方，端庄秀丽。而且他们两个人都是白领，有着共同的兴趣爱好和欣赏品位。所以，大家都等着喝他们结婚的喜酒。然而，在交往了半年之后，王佳却突然提出了分手，不仅米雪觉得很惊讶，周围的朋友们也觉得非常可惜。

　　当别人问王佳为什么放着这么好的女朋友不要的时候，王佳无奈地摇了摇头。他说："米雪什么都好，就是过于投入爱情。"原来，自从他们开始谈恋爱之后，米雪不仅在工作上懈怠了，甚至也忽略了父母，她一心一意地只想着和王佳在一起。米雪认为，爱一个人就应该让他知道自己的一切，所以，不管做什么事情她都会打电话告诉王佳；米雪还认为，爱一个人就应该知道他的一切，所以她要求王佳不管有什么事情都要告诉自己。然而王佳却不喜欢这种让人倍感约束的爱情，他喜欢独来独往、天马行空。尽管他很爱米雪，但是却不愿因为爱情而牺牲了自己的个人时间，甚至忽视了自己的工作，忽视了自己的父母。自从和米雪恋爱以后，王佳觉得自己的生活秩序完全被打乱了，他失去了自己可以独处的时间，失去了自己可以安排的时间，甚至他想回家去看望父母，也要经过米雪的同意。当然，米雪也争分夺秒地和王佳腻在一起，王佳已经有一个多月没有回家看望自己的父母了。

在交往了半年之后，王佳终于忍无可忍地提出了分手，尽管他并不反感米雪，但是他却惧怕米雪这种飞蛾扑火似的爱情。

米雪不知道，飞蛾扑火般地爱一个人未必能够得到完满的结果，有所保留地爱一个人也许反而能够细水长流。其实，不管是男人还是女人，都不要爱一个人爱得浑然而忘我。"飞蛾扑火"的爱情也许会让人觉得壮美，但是感情追求的是持久的幸福，而不是转瞬即逝的壮烈瞬间。要想给自己的爱情保鲜，作为女人，留点爱给自己无疑是最聪明的做法。假如说爱有十分，那么我们不妨用七分给爱人，把剩下的三分留给自己。因为只有拥有属于自己的独立天地，给男人留下一片自由自在的天空，女人才会能够获得男人持久而又尊重的爱。

古人云，占尽所有者，一无所得也。把这句话用在爱情上，意思就是说，当你爱一个人的时候，爱到七八分也许恰巧合适。如果你把自己十分的爱一下子都倾倒在男人的身上，那么他就会感受到沉重的压力，甚至觉得喘不过气来。如此一来，爱情还有什么乐趣可言呢？

参考文献

[1]爱默生·艾格里奇.男人需要尊重,女人需要爱[M].朱伶俐,译.北京:北京联合出版有限公司,2018.

[2]霍妮.婚姻心理学:婚姻是最好的修行[M].徐淑贞,译.北京:中国华侨出版社,2013.

[3]杨冰阳.如何得到你想要的婚姻与爱情[M].长沙:湖南文艺出版社,2017.

[4]桃乐丝·卡耐基.世界上最有魅力的妻子[M].逸凡,译.南昌:江西人民出版社,2016.